不動産投資は
新築
木造
3階建て
アパートで始めなさい!

田脇宗城
Tawaki Sojo

あさ出版

はじめに

時代で変わる不動産投資

本書は、副業を考えているサラリーマンの方へ、新しい収入源として不動産投資を提案しています。

とくに、今もっとも高い収益が期待できる、新築・木造・3階建てアパート経営を推奨し、その全容をご説明することを目的としています。

不動産投資といっても多種あり、しかも時代によって主流は変わっていきます。不動産投資は、「時代にきちんとマッチした方法でやらないと、新しい収入源として安定した収益を出すことができない」というのが基本です。

ところが、ひと昔前の時代遅れの知識で投資にチャレンジし、利益どころか損失を出してしまい、人生が狂ってしまう人もいます。

こういった方々を減らし、多くの方に不動産投資で安定収入を得ていただくため、今の時代と最大限にマッチしている投資法をお伝えすることも、本書が目指しているところのひとつになります。

試行錯誤の末、導き出された最適な投資

私の会社は注文住宅の請負業からスタートしました。つまり、不動産建設業の中でも木造住宅建築を専門としていたわけです。

それが、とある縁から大学近くのアパートを建築・販売することになり、そこからアパート管理に関するノウハウを蓄積するようになりました。

現在は土地探しからアパートの設計・建築、さらには管理までを一貫して行い、サラリーマン大家さんの心強いパートナーとなれるよう、投資回収効率を最大化できるアパート経営を、とことん追究することに特化しています。

私たちの強みは何かと問われたら、経験の上で導き出された「もっとも良い商品」をお客さまに提供していることです。

「ちまたで流行っているから。競合がやって儲けているから……」

そういった理由で始めたのではなく、私たちが時間をかけて勉強し、試行錯誤しながらやっていった末、推奨する新築・木造・3階建てアパートがもっとも良い商品であるという結論に達し、現在はこれを主軸として不動産投資事業を展開しています。

新築・木造・3階建てアパートには、私たちがこれまで培ってきた経験と実績があります。ですから自信を持って、読者の皆さんにもお勧めできる投資なのです。

その自信の根拠を、本書を通してぜひ知ってください。

「今だからこそ」の波をつかまえよう

冒頭で述べた通り、真に稼げる投資法というのは時代によって変わっていきます。

したがって、新築・木造・3階建てアパートの経営がサラリーマン大家さんにとって稼げる投資先であることも、もしかしたら期間限定であるのかもしれません。

もっと言うと、今後の経済の動向によっては、サラリーマンの方がアパート経営を始めること自体、困難な時代がきてしまうかもしれません。

しかし、今はサラリーマンの方が投資を始めやすい時代であり、またニッチな、そして稼げる投資先として新築・木造・3階建てアパート投資があります。

ですので、不動産投資で安定収入を目指すなら、サラリーマンの方でもスタートしやすい今のうちに、理解を深め着々と計画を進めておくことが何よりも大切です。

前置きはこれぐらいにして、それでは早速話を進めることとしましょう。

CONTENTS

不動産投資は「新築」「木造」「3階建て」アパートで始めなさい！

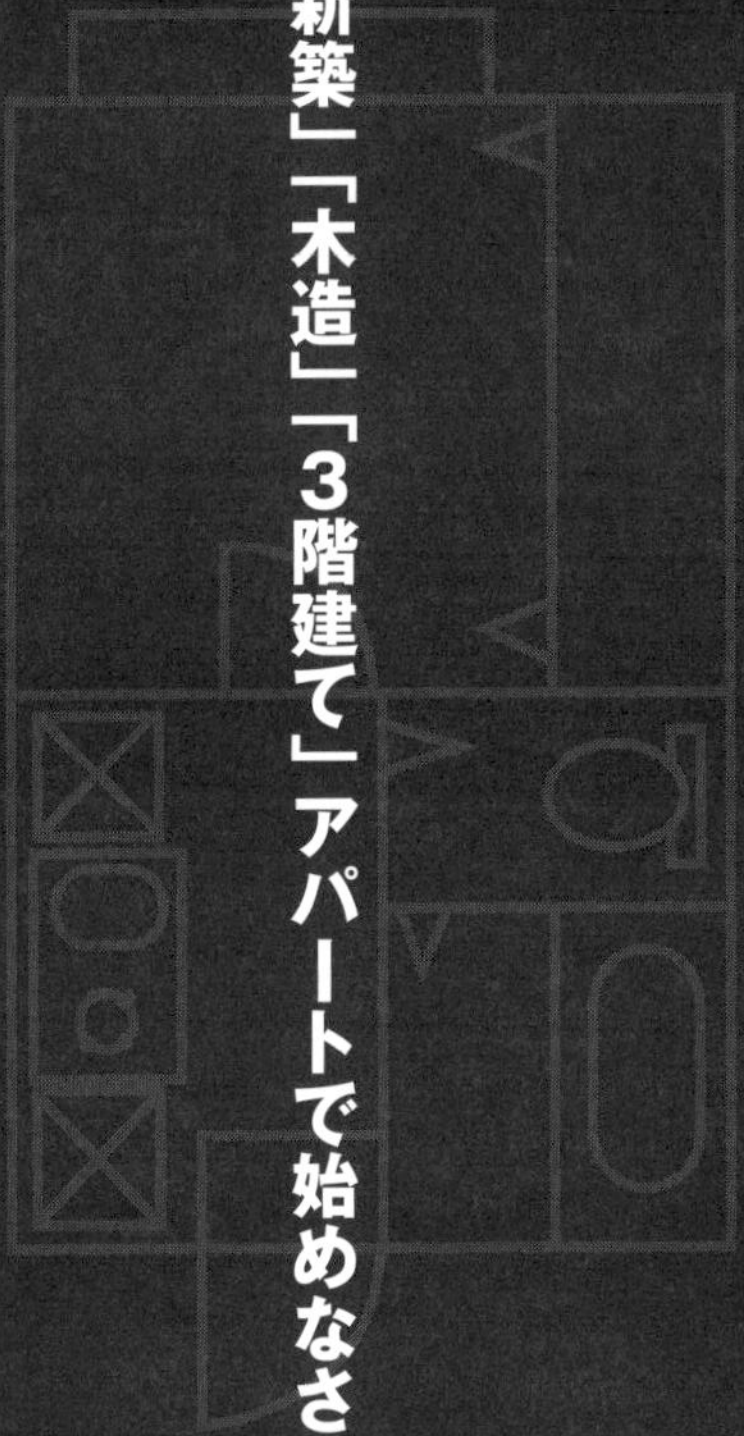

CONTENTS

2章 サラリーマン大家が失敗しやすい不動産投資の落とし穴

3章 新築・木造・3階建てアパート経営、儲けのヒミツ

4章 初心者でも安心な新築・木造・3階建てアパート経営の始め方

5章 安定収入を手に入れたサラリーマン大家の成功事例

本文デザイン・DTP　讃岐美重
編集協力　小西秀昭

本書に記載の内容は２０１７年3月時点の情報であり、今後変更となる場合もあります。また、本書掲載の情報は、個人の投資結果を保証するものではありません。投資判断の最終決定は、ご自身の判断と責任で行ってください。

1章

今や資産は本業プラスαで残すのが当たり前の時代

年収を問わず、お金に悩んでいる人は意外と多い

一寸先すら見えない時代

ひと昔前までは、「年金を基本軸として、定年とともに受け取れる退職金と日々の貯蓄で、老後にどれだけゆとりが持てるか」、そういった中長期的な未来への計画を立てることができました。

しかし、今はどうでしょうか。

そもそも、年金がきちんともらえるかどうかも疑わしい時代です。退職金にしても、制度すらない会社も多く、老後の計画を立てるどころか、ほんの一歩先の未来まで見通しが悪くなってきている……。そんな中で、一般的なサラリーマンが抱えている悩みの代表格は、老後への不安と言われるようになってきました。

ただ、私はそのような意見に対し、「悩みは本当に老後不安なのか？」と少し懐疑的です。私の会社にはさまざまな方が不動産投資に興味を持ち相談にいらっしゃいます。職業、年収、家族構成といったものから、年代や住んでいる場所もまちまち。そんな方たちと接していて感じるのは、将来や老後ではなく、今まさに現在進行形で、お金のことに悩んでいる人が多いということです。

年収の高い人ほどお金に余裕があって、生活にもゆとりがあるかと思えば、実はそうでもないのです。

ローン、教育費、老後の資金

お金に関する悩みの種は決まっています。

冒頭にも書いた老後のことに加えて、住宅ローンや車のローン、子どもの教育費など、**多くのサラリーマンが、人生で訪れる必然的な出費に頭を抱えています**。

年収に応じて、これらにかける費用は変わります。高収入な人ほど高い家を購入しますし、いい車にも乗るでしょう。

もちろん教育にも力を入れます。もし、子どもを中学、高校、大学と、すべて私立に通わせたら、授業料だけで一人当たり2500万円にもなると言われています。だから年収に関係なく、お金入ってくるお金が多いほど、出て行くお金も多いのです。だから年収に関係なく、お金の悩みは後を絶たない、というわけです。

さらに、将来の見通しが立てづらい現代において、とくにその傾向は強くなってきます。先のようなお金が出て行くことに対する不安だけならまだしも、入ってくるお金にも不安を抱かなければいけないからです。

経済の動きで給与が急減することは、あのリーマンショックで実体験した方もいらっしゃることでしょう。給与が頭打ちになる可能性は誰にでも起こりうるものなのです。また、高所得の人ほど陥りやすいのは50歳以降に訪れる役職定年。管理職から外され、給与アップに期待が持てなくなるどころか、減ってしまう。そんな不安も抱えねばなりません。

みんなお金に困っている

あるファイナンシャルプランナーの話では、**年収を問わず、多くの家庭が赤字で、その**

赤字を夫婦共働きで補ったり、親の資産を削ったりしてなんとか持ちこたえている、というところが多数なのだとか。

このような自転車操業でこの先も進んでいったら、いずれ家計は破綻するのは目に見えています。仮に破綻しなくても、生活を切り詰めた貧しい暮らしを余儀なくされる日が訪れることでしょう。

私のところに相談に来られるお客さんでも、年収８００万円から１０００万円の層で、お金を貯めていない方が本当に多いと感じます。どちらかというと年収５００万円くらいの方のほうがお金を貯めている印象です。

さて、いきなり景気の悪い話から始まってしまいましたが、要するに、多くのサラリーマンが、会社からの収入だけで生き抜くのは困難な時代になったというわけです。

そんな時代の中で、家族を路頭に迷わせたくないなら、会社以外でお金を得るルートを持つべきというのは自然な考え方だと思います。

もうひとつの収入源を持つことが人生に安心感をもたらす

新しい収入源を求めるきっかけ

私のところへ相談に来られる方の中には、不動産投資が軌道に乗ったら会社を辞めたい、と考えている方もいらっしゃるようです。

給料などの待遇面で不満があるなら納得できますが、高収入の方でも、早期退職やセミリタイアを狙っています。

考えてみれば、収入とストレスは比例するものなのかもしれません。収入が上がっていくにつれて増えていく日々のストレス。その重たいプレッシャーから逃れたい思いから、新しい収入源を探そうとするのでしょうか。

単純に「資産を増やしたい」とか「お金儲けがしたい」のではなく、精神的な安らぎを求め、

サラリーマンでも比較的容易に参入できる事業を探している。そういった理由で、不動産投資を知る方も多いようです。

お金に対する不安からの解放

某大手企業に勤める重役さんもそのような思いを抱いていらっしゃいました。会話の端々に、会社を辞めたい、早期退職してスローライフを送りたい、というニュアンスを含んでいたのです。

お会いした当初はいつもピリピリしたムードを持っていて、話しているこちらもギュッと肩がこわばってしまうような、窮屈な威圧感を覚えずにはいられない方でした。

ところが、オーナーとなり、毎年1棟ずつ不動産投資物件を増やしていくにつれ、その方からとげとげしさが解消されていったのです。

今では家賃収入で年間700万円以上を稼ぎ、憧れのセミリタイアも実現可能となりましたが、「もったいないから会社は辞めない」と苦笑まじりに言います。あれほど辞めたいと嘆いていたのにもかかわらず、です。

新しい収入源を持つことで心にゆとりができ、仕事によるストレスも軽減されていった様子でした。相談に来られたころとは雰囲気もガラッと変わっています。

ストレスのないお金儲けを始めよう

仕事の上では、**お金を得ることには大なり小なりストレスが付きものですが、不動産投資の場合は違います**。

いわば、それはお金を生み出す装置に近いかもしれません。環境さえ整えてしまえば、あとは確実に毎月収入が得られます。

お金に対する恐怖心をなくし、心の余裕を与えてくれる。新しい収入源を持つことは、単純な年収アップだけではなく、そういった精神的なプラスをもたらしてくれるのです。

そして、時間にとらわれず任せきりでも安定してお金が入る不動産投資は、サラリーマンが持つ、新しい、もうひとつの収入源として、最適だと言えるでしょう。

成功サラリーマン大家の投資歴はコレ

物件名	所有年	エリア	構造	階数	部屋数	取得金額（万円）	利回り（%）	年間家賃（万円）	年間CF（万円）	売却価格（万円）
物件A	平成21年～平成28年	千葉県千葉市	木造	3階	11戸	9,000	9.0	810	270	8,500
物件B	平成22年	千葉県松戸市	木造	2階	10戸	7,400	10.0	740	330	―
物件C	平成23年～平成26年	千葉県千葉市	木造	2階	6戸	4,300	11.1	477	210	4,650
物件D	平成24年	千葉県千葉市	木造	2階	6戸	5,050	10.0	505	220	―
物件E	平成25年～平成28年	千葉県松戸市	木造	2階	6戸	3,900	10.3	402	130	4,750
物件F	平成26年	千葉県習志野市	木造	3階	9戸	9,000	7.8	698	240	―
物件G	平成27年	埼玉県八潮市	木造	3階	9戸	8,230	7.8	642	280	―
物件H	平成27年	東京都足立区	木造	3階	9戸	9,000	7.7	693	240	―
物件I	平成28年	埼玉県八潮市	木造	3階	12戸	12,340	7.4	914	320	―

9棟中3棟を売却。現在、より良質な物件に入れ替え中。

今の時代、「何もしない」リスクのほうが大きい

不動産投資は「事業」ととらえる時代

「投資はギャンブル。リスクがあるから手を出すのは危険だ」

そういう考え方の人もいます。

確かに投資全体を見渡すと、先物取引やＦＸなど、ハイリスク・ハイリターンなものもあります。知識に乏しい人が、莫大な利益を手に入れた人のエピソードに引かれて、「ならば自分も」と安易に挑戦し、大きな損失を出して路頭に迷ってしまう。そういった失敗談も頻繁に聞きます。

不動産投資は動かす額が大きいだけに、こういったマイナスなイメージが先行すると、どうしても後ろ向きになってしまいがちです。

もちろん数ある不動産投資の手法の中には、リスクを大きく含んだ投資法はあります。

しかし、私が推奨する**新築・木造・3階建ての不動産投資は、事業として成立するのを見越したうえで始める投資**です。良質な企業経営と同じで、ローリスク・ミドルリターンの部類にあると考えています。これから本書で詳しくご説明しますが、資金もそれほど必要ではありません。必要なのは投資家の確かな信用力です。

現状維持ほど危ういものはない

とはいえ、「何もしないで、現状維持のままでいい」と言う人もいるでしょう。しかし、それこそが今の時代、大きなリスクとなってきているのです。

かつては優良企業と呼ばれ、安定した収入を約束されていた会社でも、10年後にはどうなっているかもわからない時代です。

ここで実例を取り上げなくても、新聞を賑わすニュースの中に、大手企業の凋落を記した話題を見つけることは容易です。

本書を手にしてくださった読者のみなさんにはあえて言うまでもないことかもしれませ

んが、**「勤め先があれば安心」「私たちは会社に守られている」、そんな甘い考えは捨てるべき時代が到来してしまいました。**病気で退職や休職を余儀なくされたり、会社の経営難によるリストラに遭う可能性も捨てきれません。

私のお客さまの多くも、そういったリアルな危機感を持っているようです。つまり、会社にしがみついていることのリスクを自覚しているのです。

今や、残業を廃止し、副業を許可している企業も出てきています。

それはもしかしたら、会社側からの「うちだけに頼られても困る」という暗黙のメッセージなのかもしれません。私たちは私たちの力で、これからを生き抜かなければいけないのです。新しい収入源として、投資をはじめとしたさまざまな副業を視野に入れることは、決して間違いではないですし、恥ずかしいことでもありません。

むしろ将来的には誰もが当たり前のようにやっている時代となるかもしれません。

サラリーマンに向いている副業を探す

とはいえ、サラリーマンにとって手ごろで割りの良い副業なんて、なかなか見つかるものではありません。

副業に没頭しすぎて、本業に影響が出てしまうなどは本末転倒な話です。株やFXはその可能性があります。パソコンやスマホから目が離せなくなってしまって、挙げ句は本業中も気になって仕事が手に付かなくなってしまう。これでは投資におけるリスクだけでは済まなくなってしまいます。ましてや損失を出す可能性が高い副業は、これから安定して収入を増やそうとしているサラリーマンには向いていません。

では、その副業が不動産投資であればどうでしょうか？

不動産投資がサラリーマンに向いている理由の第一は、時間に追われない、少ない労力で始められる副業だという点です。

自分が動くのではなく、お金に動いてもらってさらにお金を動かしていく。この感覚にピッタリくる、もっともリスクが小さく、見返りの大きな投資だと思っています。

先ほども言ったように、これからは副業を持つことが主流になっていくはずです。

その時代に乗り遅れる前に、先取りするべきです。

とくに不動産投資は、物件に限りがあるのですから、優良な物件はまさに「早い者勝ち」の世界です。

不動産投資はもはやお金持ちだけがやるものではない

不動産投資へのイメージを一新しよう

不動産投資について、まだピンときていない人は多いかもしれません。

「土地を持っている地主か、お金持ちの人がやるものなんじゃないの？」

その感覚は半分正しく、半分間違っています。

ほんの10年ほど前までは、確かに不動産投資は富裕層にだけ許された事業というイメージが定着していました。サラリーマンが大家になるなんて発想すらない時代でした。

しかし、このたった10年で状況は一変しました。

サラリーマンでも、いや、**サラリーマンだからこそ、不動産投資をやるべき時代が到来したの**です。

地主さんやお金持ちの方にふさわしい不動産投資もあれば、サラリーマンにこそ最適な不動産投資があります。

店舗経営に近いスタイル

不動産投資はお店を経営するのと似ています。

お店を開業する場合、多くの人が借金をします。

そして、銀行から融資を受け、店舗を手に入れ、設備を整えます。お店をオープンしたら、売上の一部を返済に充てながら経営していきます。

これはとてもシンプルで、理屈にかなった事業の進め方です。このしくみを不動産投資にも当てはめることで、サラリーマンでも安定して収益を得る事業にすることができます。

まず、銀行から融資を受けて、土地と建物を手に入れます。不動産会社に管理を委託し、入居者を集めてもらいます。

入居者が決まれば準備完了です。あとは家賃収入が自然と入ってきます。一部を返済に回し、残りを収益として、自分の好きなように使うことができます。

サラリーマン大家の経営スタイル

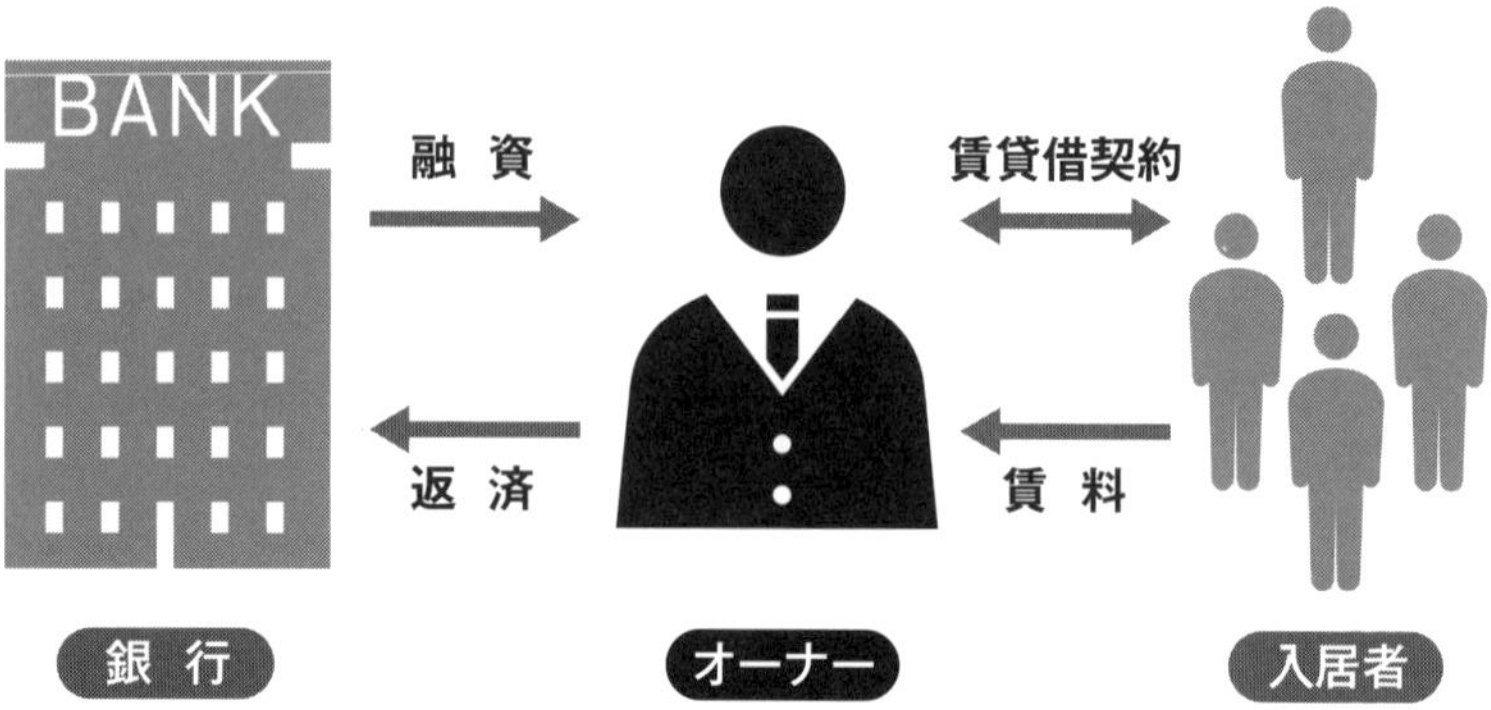

基本はお店を開くのと同じで、「入居者＝お客さん」と考えるとイメージしやすい。管理その他を専門会社へ依頼したら、オーナーは融資と返済が主な業務になる。

さらっと書いてみましたが、もちろんそのひとつひとつの手順には相当の労力がともないます。

成功しながら稼いでいく

株やFXといったリスクの大きな投資では、ひとつの失敗が大きな損失につながります。

一個人がほんの数分で数千万円を失ってしまう、そんなリスクもはらんでいます。資金が十分にある人でないと破産を免れない事態に直面する可能性もあるのです。

しかし、不動産投資は違います。事業として安定して稼いでいくスタイルを確立させるのは難しいことではありません。

また、店舗経営が軌道に乗ると2店舗目、3店舗目と事業を広げていくように、不動産投資も2棟目、3棟目と所有物件を増やし、収益を倍増させることができます。

成功を体験しながら、着実にステップアップできる。これが不動産投資の醍醐味です。

本書ではそのハードルを少しでも低くして、より多くの人がサラリーマン大家となり、将来に不安のないゆとりのある人生を送ってもらうことを目的としています。

銀行融資もサラリーマンには追い風

優れた事業に銀行は優しい

銀行から融資を受けて、ローンを返済しながら不動産経営をしていくスタイルは理解していただけたとして、次にこんな疑問がよぎるのではないでしょうか。

「銀行は本当にお金を貸してくれるのか」

ここで銀行の目線に立って、融資の話をしましょう。

銀行がお金を貸すとき、借り手の何を評価するかというと、「きっちり利息分も含めて返済額が返ってくるか」という部分です。

売上の期待できない無謀な計画の事業に対して銀行はお金を貸しません。しっかりと利益が出せて、滞りなく返済が行われると判断できる事業に融資します。

普通、住宅ローン以外でサラリーマンが数千万円や数億円規模のお金を借りることはできません。

しかし、不動産経営の事業計画がしっかりしたものであれば、銀行は優れた事業であるという評価を下し、喜んでお金を貸してくれます。

マイナス金利効果で、銀行がリスクを背負う時代へ

銀行の土地・建物評価による融資は、非常に厳しいものです。

経済事情が厳しいと、銀行はとにかくリスクを減らそうとします。このとき、銀行は積算評価法といって、土地や建物の担保評価によって価値を見ます。もし、借入希望額に届かない場合は、頭金を3割用意してくださいとか、他の担保を提供してください、といった注文をつけてきます。

結果的に資金力に乏しいサラリーマン大家は苦戦を強いられ、融資を受けられない可能性も出てきてしまいます。

逆に経済事情が良いと、収益還元評価法で評価します。この方法は物件が将来生み出す

であろう収益を基にして価値を見ます。つまり、収益性の高い事業計画に対して大盤振る舞いをしてくれるというわけです。利回りが高ければ、全額融資することもあります。

今、多くの銀行がどちらの方針を採っているかというと、銀行にとってややリスクの高い収益還元評価法です。

この背景には、もちろん政府のマイナス金利といった経済政策もありますし、首都圏に限って言えば、東京五輪特需が入居需要を押し上げているといった中長期的なプラス要因も加味されていることと思います。

異常な低金利時代がサラリーマンに味方する

融資を受ける場合は、もちろん利息分も払わなければいけません。

ただ、先のような国主導による経済対策などによって、この金利でさえも、私たちに味方をしてくれています。住宅ローン並みの低金利で、アパート経営の融資を受けているサラリーマン大家が実際にいるのです。

タダみたいな金利、というと大げさかもしれませんが、それほど**今の超低金利時代はお**

得で、間違いなく、サラリーマン大家にとっては追い風です。

もっと言うと、今の状況は少し異常とも言えるかもしれません。

今や諸経費として３００万円の自己資金があれば、１億円をフルローンの低金利で借りられるケースもあります。これは長く不動産投資を見てきた私から言わせると、驚きの状況です。

しかし、この追い風は期間限定と言わざるを得ません。この時期を逃さずサラリーマン大家となり、今のうちに2棟、３棟と融資を受けながら投資していけば、家賃収入は倍増していき、裕福なサラリーマン大家の仲間入りを果たすことができます。

銀行は投資家に対して、投資の間口を開いたり閉じたりします。今は全開というくらいに開いていますが、一度閉じたら次に、いつまた開いてくれるかわかりません。銀行がサラリーマンに高額融資を積極的にしてくれる時代は、二度と訪れないかもしれません。

ですので、ぜひこの低金利融資のバーゲンセールに乗り遅れないでください。

サラリーマンは経営者より信用度が高い

サラリーマンなら金利1%を切ることも

机上の話だけをしても仕方がないので、実際の銀行の融資状況を見ていきましょう。5章の事例の中でも紹介していますが、弊社へいらっしゃったお客さまの中には、0.8%の金利で融資を受け、不動産投資をスタートさせることができた方もいます。まさに住宅ローン並みの低金利です。

私でさえ「え、こんなに低いの?」と内心驚いてしまうほど、サラリーマンに対する現在のファイナンス環境は絶好調です。正直うらやましいくらいです。

しかし、この超低金利の融資というのは、弊社がマネジメントする新築・木造・3階建てアパートだからこそ、という背景もあります。

本書でこれから詳しく掘り下げていきますが、新築・木造・3階建てアパートは収益性の高い優れた不動産投資で、ローン返済が滞りなく進んでいる前例がすでにいくつもあります。よって銀行からの信頼も厚くなっているのです。

これが低金利やフルローンという超理想的な融資状況を生み出しています。

信用力は経営者よりも上

マイナス金利を代表とした、さまざまな経済政策が施行されていますが、まだまだ世の中は好景気とは呼べません。

現実を見渡せば、全体の3分の2の企業が赤字と報告されています。

よく考えると、赤字である企業に対して、銀行が積極的に融資を行うなどということは、よほどのことがない限り基本的にありません。

たとえ社長の給与が一般的なサラリーマン以上であったとしても、会社全体の利益が出ていなければ、銀行はその会社を優良とは判断しません。

「もっと売上を伸ばすため、設備投資したいからお金を貸してくれ」

と銀行にすがりついても、なかなか首を縦に振ってくれないのが銀行のリアルなところです。銀行は絶対にリスクの高い投資は実行しません。

対して**サラリーマンの場合、経営者ではなく社員ですから、赤字の会社を抱えているわけではありません。ですから年収がイコールそのまま融資の評価対象につながります。**

経営者がお金を借りるのに四苦八苦している横で、サラリーマンはすんなりと融資を通すことができる現実が実際にあります。

これほどサラリーマンに信頼が置かれている時代もないでしょう。

先行きが不透明な現代だからこそ、固定収入を持つサラリーマンの信頼性がぐっと増しているのではないでしょうか。

さまざまある不動産投資の選択肢

あなたに最適な投資先は何？

不動産投資と一口に言っても、いくつも種類があります。どれが儲かってどれが儲からない、といったものでもありません。自分に合った正しい方法を選択していけば、不動産投資で安定した収益を得ることができます。

ただ、ここで大前提として踏まえておきたいのは、投資する人の状況によって、最適な不動産投資は違ってくるということです。

自己資金がいくらあるかとか、サラリーマンや自営業など本業は何なのかなど、さまざまな要素を総合した上で投資先を決めないと、まったく収益のない投資になってしまう可能性があります。

まずは、それぞれの不動産投資の大枠をご紹介するとともに、その投資法がどんな方にふさわしいのかを説明しておきますので、ご自身の状況と照らし合わせてみてください。

【都心部でのマンション投資】

大きな収益を見込めるのがマンション投資です。

都心部の広い土地に大きなマンションを建てて経営する。人気の場所を選べば部屋はすぐに埋まるので、安定して収入を得られる点が魅力になっています。

ただし、注意しなければいけないのは利回りです。

これは投資資金を何年くらいで回収できるかを見る、ひとつの指標として重要な数字になっています。詳細な説明は2章の利回りに関する項目でご説明します。

都心でのマンション経営の場合、一体どれほどの利回りかというと、せいぜい3％程度。収益が大きくても、スタート時の資金も莫大なため、ほかの不動産投資より利回りは極端に低く、投資資金を回収しきるのに30年以上かかる計算になります。

もし、サラリーマンの方が銀行から融資を受けてマンション経営をするとしたら、3％の利回りではすぐに首が回らなくなる可能性もあります。

とはいえこのマンション経営、決して悪い投資手法なわけではありません。大きな自己資金を必要としますが、安定した収入を得ていきたい場合に最適な不動産投資であることは確かです。

さらに、すでに多くの資産を持っている人が、相続対策などで購入するのもお勧めです。なぜなら、不動産投資を始めることで、手持ち現金を減らしつつ、購入した、もしくはすでに持っている土地の評価額を下げることができ、節税にはもってこいなのです。

【ワンルームマンション投資】

1棟丸ごとは無理でもワンルームなら、ということでワンルームマンション投資も、最近はサラリーマンが参入しやすい不動産投資として、盛んになっています。

ただこちらも、低い利回りで安定して稼ぐスタイルの投資なので、フルローンで融資を受けて行うのには向いていません。

ワンルームの場合、1部屋分の収入しか得られないので、手元に残るお金も少額です。この点を把握したうえで、自己資金を多く持っている人が挑戦する投資と言えます。

【エアビーアンドビー（Airbnb）】

所有する物件を民泊施設として貸し出すエアビーアンドビーは、近代の新しい稼ぎ方のひとつとしてスタンダード化しつつあります。

不動産投資のひとつではありますが、入居者を募るのではなく宿泊者を募るという点で、ほかの手法とは大きく異なります。

まだまだ発展途上のビジネスですから、儲かる・儲からないといった結論を急ぐことはできません。ただ、エアビーアンドビーに取り組んでいる知り合いの話によると、利回りはきちんと出ていて順調だということです。

エアビーアンドビーは、投資する人間がどれだけ事業に関わるかで、利益面で大きな差が出てくると思います。

運営管理や掃除など、すべて専門会社に任せるのであれば楽でしょうが、その分費用はかかってしまいます。

そういったさまざまな出費も踏まえて計画的に物件を探し、事業として展開していかないと、大きな利益は出せないでしょう。莫大な資産を築くために大規模でやっていくのも、相当の労力がかかるはずです。

ですから、本業で忙しい毎日を送っているサラリーマンには不向きな面が強いでしょう。

また、広く認知されていないもの、前例が少なくて確実な利益を得られるかが不確定なものには、銀行は融資してくれないのが基本です。

エアビーアンドビーを事業としてスタートさせるために、多額の融資を受けようとするのは現状厳しいでしょう。受けられたとしても、金利は高くなってしまうと思います。

つまりエアビーアンドビーは、すでに物件を所有している人や、運転資金が潤沢にある人向けであると言えます。

さらに、宿泊する人が室内を破損したり、近隣住民とのトラブルを抱えたりなど、問題が起こっているのも事実です。これらに対応する必要も出てくるので、安全面やリスクなどを考慮すると、投資家が積極的に介入するには、時期尚早かと感じています。


【アパート投資】

ここまで挙げてきた不動産投資は、ある程度自己資金を持ってから始めることが条件であるものばかりでした。利回りや利益が低く、融資を受けると実入りが少ないことがネックになってしまうためです。

自己資金に乏しいサラリーマンが始める不動産投資としては不向きであると言えます。

そこで、本書のテーマにあたるアパート投資です。

アパート経営は利回りが高いので、高額の融資を受けても十分に返済することが可能です。サラリーマンでも確実に資産を築けるプランを確立できます。

アパート経営には大きく、新築と中古のふたつがあります。このふたつの善し悪しを言うのであれば、今は新築のほうが断然お得です。

なぜなら、今は中古を買う必要性がないからです。とくに新人のサラリーマン大家として投資をするなら、間違いなく新築アパートです。これについては後の章でも詳しくご説明します。

ただし、アパート経営をしていくうえで注意しなければいけないことがあります。

アパートにはたくさんの部屋数があるので、必然的に利回りが高くなります。

しかしその利回りというのは、入居者がいてこそのものです。空室ばかりのアパートだったら利回りどころか赤字になってしまいます。

そこで重要となってくるのが立地です。どの土地にアパートを建てるかが最重要となります。

サラリーマンでアパート経営を始めようとしている人が、一つひとつ物件を見て回って、入居者の入りそうな土地を見つけ出す余裕なんてありません。

ですので、アパート経営をするなら、良い土地を誰よりも早く見つけ、入居者をしっかり集めてくれるパートナー会社を見つけることがポイントとなってきます。

2章

サラリーマン大家が失敗しやすい不動産投資の落とし穴

「とりあえず中古物件から」は失敗のもと

中古は一見お買い得だけど……

不動産投資のスタート物件として、中古物件を選ぶ人がいます。中古と名の付くものは何でもそうですが、新品よりも販売価格が安く、多少古くなっていることに目をつぶればお買い得、というイメージがあり、つい手を出したくなるものです。確かに一見、中古物件はメリットが目白押しのように映ってしまいます。すでに入居者が入っている状態で買うことができるので、投資を始めた直後から家賃収入が得られます。これが新築だと、建物完成まで待つ必要があり、完成したとしても入居者集めから始めないといけません。

すでに収入が約束されている。そういった面で、中古物件は堅実に稼ぎたいサラリーマ

ン大家が引かれる要素を持っているわけです。

また、販売価格が安い分、ローンの返済額も安く済むことも中古の魅力です。収入が確実に見込めて、ローンの返済が少なければ、手元に残る収益も計算できる。

このように書き並べてみると、確かに中古物件はお買い得。しかし、実際に購入してみると、思わぬところにワナが潜んでいるのです。

中古物件の落とし穴

もちろん中古物件にも魅力的に感じる物件はたくさんあります。

気をつけなければいけないのは、提示されている「見かけ上の数字」に騙されてはいけないということです。

詳しくはこれから一つひとつお話ししていきますが、まずは次の言葉を頭に入れておきましょう。

「安い物件には安いなりの理由がある」

中古物件を買うときは、これを覚悟しておかないといけません。物件の売買において、絶対的にお買い得な物件などまずないと思ってください。

相続の関係で早く売りたい物件などは、良いものでも確かに安いことがあります。しかし、そのような物件が市場に出回ることはあまりありません。

なぜなら、**本当においしい物件というのは、市場に出回る前に、不動産会社の顧客間で取引されてしまうことが多い**からです。

投資を始めたばかりの素人サラリーマン大家のところに、お買い得物件が舞い降りてくることは本当にごく稀です。

もしかすると、「素人だから」ということで、あまり良くない物件を勧めてくることも、あるかもしれません。

ですので、提示される数字の旨味に気を取られず、「安いワケがきっとある」と考えて、購入をじっくり検討する必要があります。ここから先は、その「見かけ上の数字」に潜むカラクリについてご説明していきましょう。

高利回りは「絵に描いた餅」と必ず疑う目を持とう

利回りは資金回収期間の目安

不動産投資に限りませんが、投資先を選定するうえでまず注目しなければいけないのは、利回りです。基本的には、利回りが高い物件ほど、優良な投資先とされています。

それでは利回りとは一体どういうものでしょうか。単純な例で考えてみましょう。

家賃収入が年間で１０００万円の物件が、１億円で売られていたとします。この場合、利回りは次のように算出されます。

1000万円÷1億円×100＝10％

利回りは「購入価格分をどのくらいの期間で回収できるか」の指標になります。10％であれば、10年で回収できることを意味しています。

利回りが33％の物件であれば3年、5％であれば20年。

投資した側にとっては、自分の出した資金を回収し終えるまでは、真の利益発生とはいえません。

ですから、どれだけ短期間で資金を回収できるかが勝負となるわけで、利回りはその重要な目安となってきます。時代や場所によって平均的な利回り水準は変わります。私が本書を執筆している２０１７年２月現在、新築なら７％、中古は９％であれば、利回り良好な物件と言えます。

中古に多い高利回り物件の真実

しかし中には、10％や12％、15％超えなど、高利回りをうたっている中古物件が販売されています。15％なんて、６年と数カ月で購入価格分を稼いでしまう計算です。

本当にそんな美味しい物件なんてあるのでしょうか？

実のところ、そういった**高利回りの物件にはさまざまなワナが潜んでいます**。

まず気をつけたいのは、利回り計算に用いる年間の家賃収入。これは、満室状態を想定した場合の数字です。

年間で1000万円の家賃収入が見込めるアパートであっても、入居者がいる部屋が全体の6割程度でしたら、実質的に入ってくるお金は年間600万円です。

見かけ上の数字よりも、実質的な利回りはだいぶ目減りしてしまいます。

考えてみてください。築数十年の中古物件が、いつも満室状態なんてことがあり得るでしょうか。

もちろん人気の立地であれば無理ではありません。しかし、そんな美味しい物件を、そもそも所有者が手放すはずがないのです。万が一あったとしても、先にも言いましたが、市場には出回りません。

当然、購入した中古物件に空き部屋があったら、入居者を集めるための募集活動を行います。広告費用を出すのはもちろんオーナー自身です。

広告を出したとしてもすぐ埋まるとは限りませんし、ニーズの少ない場所だったら、なおさら苦い思いをすることになるでしょう。

高利回り物件は、こういった人気のない土地に建っている場合がほとんどです。実際、なかなか満室にならない中古物件を買って悩んでいるオーナーが多いのが、現実と言えるでしょう。

利回りにとらわれすぎず、冷静に吟味

さらに中古の利回りは販売価格に修繕費（60ページ参照）を加味して計算しなければなりません。もっと言うと仲介手数料が発生すればそれも加味します。

つまり、高利回りだからといって、安易に購入してしまうのは危険なのです。利回りは、しょせん絵に描いた餅。必ず数字通りの回収ができると思ったら間違いです。本当にこの利回りを達成することができるのか。なぜ高利回りの物件が売りに出されているのか。投資家でもあるオーナーは、常に疑問の目で見て、リスクの極めて少ない投資物件を見つけなければいけません。

高利回りの裏には何か理由がある。そう思っておいたほうがいいでしょう。

「現状満室の中古物件」にもワナがある

演出された満室中古物件

中古物件の中には「満室状態」を売りにしているものもあります。

満室（＝入居率１００％）ということはつまり、提示されている利回りが実現できているわけですから、これは「美味しい物件だ！」と、すぐに飛びつきたくなるのも無理はありません。

しかし、実はこの満室中古物件にも注意が必要なのです。

もちろんすべての物件がそうというわけではありませんが、不動産会社がある手法を用いることで、強引に満室状態を作り出している可能性があります。

入居のハードルを下げてむりやり満室？

ここで、中古物件販売会社がよくやる手法を紹介しましょう。

まずは自社で物件を所有管理し、入居者を集めます。

このとき、入居希望者の目を引くようなお得なキャンペーンを実施して、魅力的な広告を打ち出すのです。

たとえば、**「敷金礼金不要、仲介手数料不要、家賃初回3カ月無料」などといったぐあいに、入居のハードルをガクンと下げる**のです。入居に当たり、最初にかかる費用が安いと、多少家賃が相場より高かったとしても、入居者は集まります。そして、無事に満室になると、販売会社は満室状態を売り文句に物件を販売します。

さて、この無理やり満室にした物件を買ったオーナーには、どんな未来が待っているでしょうか。確かに最初のうちは、数字上の利回りを実現でき、満室状態での家賃収入を得ることができます。しかし更新の時期がきて、最初の入居者が出て行った後は……悲惨です。

もし、その物件を相場よりも高い家賃設定にしていたとしたら、最低でも相場と同じ額まで家賃設定を下げなければいけません。

中古物件の満室状態はこう演出する

敷金・礼金不要です

仲介手数料不要です

家賃の3カ月分は
無料です

各種保険は
こちらが負担します

好条件を付与するなど、
とにかく部屋を埋めて満室にする手はいくらでもある

しかし

賃貸経営は入居し続けてもらうことが重要

この時点で当初の利回りよりも下がってしまいます。もちろん、投資回収スピードは一気に減速します。

また、**最初のお得なキャンペーンのおかげで入居がついただけで、本来はまったく人気のない物件だとしたら、さらに家賃を下げないと入居者集めにはかなり苦戦する**ことでしょう。販売会社がしたように「初回3カ月家賃無料」といった広告をうたえればいいのですが、ローンを返済しながらアパート経営をしているオーナーが、3カ月分の家賃収入を放棄することは身を切る痛みをともないます。結局入居率は低空飛行となり、赤字のアパート経営になってしまう……。そんなケースも多々あります。

あやしい中古物件を見抜くには

高利回りや入居率100％といった見かけ上の数字が危険であることは、おわかりいただけたでしょう。美味しすぎる数字の裏には、必ず何かカラクリがあると思ってください。

ではどうやって、これらの危険な物件を見破ることができるのでしょうか。

実はとても簡単な話で、その物件を販売している会社が販売だけでなく、管理まで責任を持って担当してくれるかどうかで選べばいいのです。

売ったら終わりというスタイルの会社では、お客さんから逃げ切ることができるので、満室状態や高利回りを演出するわけです。ですので、そういった会社は絶対に避けてください。選ぶなら、管理も請け負って、オーナーのために高い入居率を維持しようと頑張ってくれる会社の物件を選びましょう。

もちろん、販売しかやらない会社のすべてが、ご紹介したような手法を実践しているわけでは決してありませんが、こういったリスクが拭えないのも事実。だとしたら、**物件購入後も継続してお付き合いできる会社のほうが、安全性は断然高い**というわけです。

また、周辺の家賃相場にも気を配っておきましょう。

土地の値段は下がらなくても、建物の価値は下がり続けます。

最初は高かった家賃も、必ず相場と同じくらいに落ちつきます。**提示された利回りだけでなく、相場家賃での利回りも計算して、採算に合っているかをきちんとチェック**してください。

以上のことに気をつけておけば、高利回りを実現している物件を買ったのに赤字経営、なんて痛い思いはしなくて済むでしょう。

中古物件に付きまとう修繕費という大型出費

15年周期で訪れる大型出費

建物自体の寿命は、木造や鉄骨造などその物件の造りによって違いますが、建物内部にある設備、たとえば水回りや空調といったものはどんな建物でも寿命は同じで、およそ15年だとされています。

これら経年劣化による設備の修繕にかかる費用は、オーナーが負担しなければいけません。この修繕費に関しても、中古物件ならではの落とし穴があります。

物件というものは、ボロボロになるまで使い倒してから売りに出されることがほとんどです。つまり、**中古物件は設備交換の間際で市場に出回ることが多い**のです。

購入したはいいが、八方ふさがり

ひとつ例を出してみましょう。

あるサラリーマン大家が、全部で60部屋もある大きな中古物件を購入しました。この物件は、もとは社宅として使われていたのだそうです。

売りに出されたときの築年数は30年。ちょうど2回目の設備交換が必要な時期だったのです。

私は実際にこの元社宅物件にお邪魔しました。「入居者がなかなか集まらなくて困っている」と相談を受けたからです。

かなり使い倒されたＲＣ（鉄筋コンクリート）造の物件。空室は全体の３分の２程度もあり、入居をつけるには速やかに修繕を行う必要がありました。

設備の交換やその他諸々の修繕をひっくるめて、概算ですが一部屋３００万円はかかりそうでした。社宅などのファミリータイプは借り主が長期間使い続けるので、空室となったときには、もうボロボロ。内装はほぼ全取っ替えを覚悟しなければいけない状態だったのです。

3DKという間取りの広さもネックでした。

「ならいっそ解体して新築を建ててしまおう」というアイデアも浮かびますが、この元社宅はRC造で、解体費もけっこう高いのです。

その上、すでに入居している方への立ち退き料も発生します。

そんなお金を払う余裕は、このサラリーマン大家にはありませんでした。この方だけではなく、多くの人がそうでしょう。

そもそも社員用に造られた建物。都心部から離れていて、立地は決して良いものではありません。

この場所に新築物件を建てたとしても、新しい入居者が集まるとは考えにくいです。

人が入らない、修繕できない、解体できない、売ることもままならない。

つまり、八方ふさがりです。これではどうすることもできません。

物件は修繕費や将来性を含めて吟味すべき

このような八方ふさがり状態の中古物件を持て余しているオーナーは少なくありません。売った側にとってはラッキーだったでしょうが、購入してしまったこのサラリーマン大家はアンラッキー。

悲劇の引き金は、**販売価格や利回りにとらわれて、知識や調査なしに購入を決意してしまった**ところと、積算価格（64ページ参照）が出る、つまり融資が通りやすい物件だったことで、**フルローンを組んでしまった**ところにありました。

中古物件を買う際には、建物の状態を必ず確認しなければいけません。「修繕は必要か」、必要ならば「どのくらいの費用を見積もるべきか」です。

加えて、「その立地で本当に入居者が集まるのか」、「収支計画通りの利回りが達成できるのか」。それらをよく吟味した上で、本当に買う価値のある物件で、かつ妥当な販売価格かを検討する必要があるのです。

銀行融資における「積算評価法」の甘いワナ

積算評価法で融資は決まる

銀行の融資と絡めた中古物件の落とし穴についても、お話ししましょう。

こちらが希望した融資額を銀行が貸してくれるかどうかは、銀行が計算した土地と建物の評価の合計で決まることがあります。

この、**土地と建物を合わせて評価することを積算評価法と言い、実際に計算された価格を積算価格と言います**。

たとえば、物件購入資金として1億円の融資を受けたかったのに対し、銀行の計算した積算価格が８０００万円だとしたら、１億円全額を融資してくれるなんて奇跡はまず起こりません。

どうしてもその物件を購入したい場合は、差額の2000万円を自己資金として用意し、8000万円の融資を受けるか、2000万円の価値がある担保を提示して、1億円の融資を受けることになるでしょう。

いずれにしろ、積算価格が物件価格を下回る場合、すでに大きな資産を持っているなどして初めて、目的の物件を手に入れることができます。

逆に、積算価格が物件価格を上回ったとしたら、フルローンでの融資も可能ということになるわけです。

中古物件は銀行の評価が高い

以上のような理由から、積算価格が高く出やすい物件を選べば有利な融資を受けられる、と考える人もいます。

しかし、これが実はとても危険な考え方なのです。

中古物件は新築物件よりも積算価格が出やすくなっています。フルローンでの融資を受けられるケースも多く、オーナーはここにメリットを感じて購入を決めがちです。

なかには、「銀行の人が評価するんだから間違いない」と思ってしまう人もいるかもしれません。

しかし、積算価格の出やすい物件だからといって、不動産投資の対象として優れているとは言い切れません。

あくまで銀行が評価するのは不動産の担保的な価値であって、「もし債務者（＝オーナー）がローンを返済できなくなったとき、この不動産を売却するとどのくらいの価値になるか」を基準に査定しています。

銀行はお金のプロであっても、不動産投資のプロではありません。銀行は、マニュアルに沿ったリスクのない融資を行っているにすぎないのです。

無事にフルローンで融資を受け、いざ経営を始めてみたものの、入居がつかず、修繕費や維持費ばかりがかかってしまったら……。事業として成り立たせるどころか、自分の貯金を切り崩すことになってしまいます。

完全な赤字経営まっしぐらのパターンです。

美味しくて積算価格の高い中古物件は極少数

あくまでオーナーが考えなければいけないのは、本当にこの物件で事業として収益を出せるか、ということです。

いくら銀行から多額の融資を受けられるからといって、安易に飛びつくのは控えなければなりません。

本当に旨味があり、積算価格も出て、きちんと高い利回りを達成できる中古物件というのは、全体の10％以下と言われています。一般の市場にはまず出てきません。

しかし現状、**積算価格が出る、つまり融資が通りやすいことを武器にした地方の中古物件が多く販売されています**。

これらを購入してしまったばかりに、入居がつかないまま返済に追われているオーナーもいます。

これが積算価格の出やすい中古物件の落とし穴です。計算上のメリットにほいほいと騙されず、常に投資家目線で見極めましょう。

ワンルームマンションで失敗するサラリーマン大家も多い

ちょっとしたお小遣い稼ぎのつもりが……

ワンルームマンション投資は、マンションやアパートを土地ごと1棟購入して行う経営と違って低価格&小規模で済みます。そのため、比較的スタートさせやすい堅実な不動産投資としてよく紹介されます。

また、頭金0円、低金利、フルローン。ワンルームマンション投資を宣伝する広告にはそういった文句が並んでいて、サラリーマン大家に最適な投資案件といった認識が高まっているようです。

しかし実際のところ、**ワンルームマンション投資を事業として収益化させることは困難**です。それどころか、失敗して赤字経営になってしまっているオーナーも多くいます。

ワンルームマンションのシミュレーション一例

条件
1K(家賃)　85000円
購入金額　2000万円
入居率　100%

(円)

	初年度(月)	初年度(年)
家賃収入	85000	1020000
借入返済額	−65000	−780000
建物管理費・修繕費	−5000	−60000
賃貸管理手数料	−8000	−96000
収支	**7000**	**84000**

さらに税金が年間で65000円ほどかかると……。

1部屋だけでは手元に残るお金はごくわずか

では、ワンルームマンション投資には、どのような落とし穴があるのか、銀行から融資を受けてスタートした場合の実際を見ていくことにしましょう。

まず、ワンルームマンションから得られる家賃収入は、高く見積もっても1部屋8万円前後でしょう。年間にして100万円ほどです。ここから管理費や修繕積立金といった建物に関わる出費のほか、固定資産税などの税金も払わないといけません。

さらにキャッシュで購入したのでなければ、ここからローンの返済金が差し引かれますから、手元に残るお金は少額です。

結果、前ページの表を見てもわかるように、ちょっとしたお小遣い稼ぎにしかならないのです。

それでも増えるならいい、と思うかもしれませんが、投資である以上は最悪のリスクも考えておくべきです。もし空室になってしまったら、その瞬間から収入がなくなります。

そうなる前に手を打つべきですが、新しい入居者を募集するには入居促進費を捻出しなければいけません。**入居促進費は不動産投資すべてに共通する費用ですが、もともと利率の低いワンルームマンション投資では、これが大きな出費となる**こともあり得ます。

まして、なかなか次の入居者が見つからなかったら……。入居率が０％か１００％しかないワンルーム投資では、大赤字になってしまうことは目に見えています。

建物の価値は下がっていく

購入したワンルームマンションが、10年後も同じ価値を有しているかというと、決してそんなことはありません。

バブルの絶頂期であれば話は別ですが、通常、建物の価値は年々下がっていきます。たとえば、まとまったお金が必要になり、いざ部屋を売却しようとしたとき、すでに築年数を経て劣化しているワンルームマンションの売却価格は、当然購入時よりも落ちています。

これまで家賃収入で得た利益分を加味し、ある程度価額を抑えて売ろうとしても、なかなか買い手がつかないなんてこともあるかもしれません。赤字を覚悟し、売れないよりはマシとあきらめて、安く手放すこともあるくらいです。

つまり、スタート時は好調でも、**年を追うごとにお荷物化する可能性があるのが、ワンルームマンション投資の怖いところ**というわけです。

入居者がつきやすく、建物の価値が緩やかに下がっていく、都心部にある人気のエリアに建つマンションのワンルームが、安定して稼げる投資先と言えるでしょう。

つまり、そのような物件でなければ、購入価格が安く、しかも融資が受けやすいなど、投資を始めるハードルが低いからといって、安易に購入してしまうのはやめておいたほうがよいということです。

投資で一番良い「新築物件」でもリスクはゼロじゃない

一度退去されたら即中古物件

新築物件は入居者を集めやすく、家賃を高く設定できるため、投資回収効率としては優れている物件と言えます。

とはいえ、新築だからという理由だけで購入に踏み切ってしまうのは「ちょっと待った」です。やはり新築にもリスクはあります。

とくに地方は土地の値段が安く、利回りが高く出やすいため、数字として打ち出されているメリットだけで判断してしまいがちです。

しかし、実際はもう少し落ちついて、物件そのものの立地やエリアの相場を調べてから、家賃設定や利回りが適正なものかを判断すべきです。

たとえば新築だからといって、家賃が相場よりも1万円高く設定されている物件は異常と言って良いでしょう。

しかし、**「手数料ゼロ円＋フリーレント付（一定期間家賃が無料）」**などのキャンペーンを管理会社が打ち出して募集をかけている場合、こういった異常に高い家賃でも入居者を獲得できる場合もあります。

一応入居者は入っていますから、しばらくは安定した家賃収入を得られるでしょうが、高すぎる家賃設定は早期退去につながることもありますし、いざ退去となった場合、異常な家賃設定のままでは次の入居者集めに苦労します。

まして地方の物件であれば、需要も少なく見向きもされない、なんてことにもなりかねません。もし、そのまま何も手を打たずにいると、返済も追いつかず経営すら困難になることもあり得るのです。

新築は確かに入居者が集めやすいです。

しかし高い家賃設定をしている場合、不動産会社が無理やり高い利回りを演出しオーナーに提案している可能性があることを考慮に入れておくべきなのです。だからこそ、慎重にならねばなりません。

実際には、いくら新築時の家賃設定だといっても、同程度の広さの部屋で周辺相場より一部屋3000円増といった金額が妥当な線でしょう。

新築時に住んでいる人が、2年後の更新時にもし退去すれば、次からは中古物件として募集をかけることになります。

販売会社と管理会社が別のときはとくに警戒

オーナーは管理会社の前では弱気にならざるを得ません。

なぜならば、不動産投資では入居者がいて初めて収入が発生してくるわけですから、オーナーは管理会社の「入居者を集めるために家賃を下げましょう」といった提案には、渋々ながら従わざるを得ないのです。

もし新築時から継続して、高めの家賃で次の募集をかけたとして、数カ月経っても入居者が決まらなければ、管理会社から家賃値下げの相談は必ず持ちかけられます。

結果、最初に想定していたのとまったく違った利回りになってしまっても、文句は言えません。

こういったケースは、販売会社と管理会社が別のときによく起こります。

販売会社は売ってしまえばそれで終わりです。そして、管理会社は空室を埋めることに力を注ぎます。

「こんなに家賃を下げることになるなんて聞いてない」

とオーナーが訴えたとしても、

「最初の家賃は販売会社が決めた額だから」

と言われてしまったらそれまでです。

つまり、販売会社と管理会社が違う場合は、責任逃れができてしまうのです。ですので、前述（55ページ参照）の中古物件と同じように、新築物件も売ったところと管理するところが別のときは警戒したほうがいいでしょう。

家賃保証が必ずしもリスクを軽減してくれるとは限らない

家賃保証って本当に安心なの？

続いての新築に関するワナは、家賃保証です。

一括借り上げなどとも呼ばれるこの家賃保証とは、本来ならばオーナーと入居者で行われる貸し借りの間に、不動産会社が介入するシステムです。

と言ってもわかりづらいので、具体例をあげて説明しましょう。

あるオーナーが、年間家賃収入１０００万円が見込める投資物件を、１億円で建てたとしましょう。

このアパートの全部屋を不動産会社が借ります。つまり、オーナーにとっては、家賃収入が瞬時にして保証されたことになるのです。

家賃保証のしくみを知る

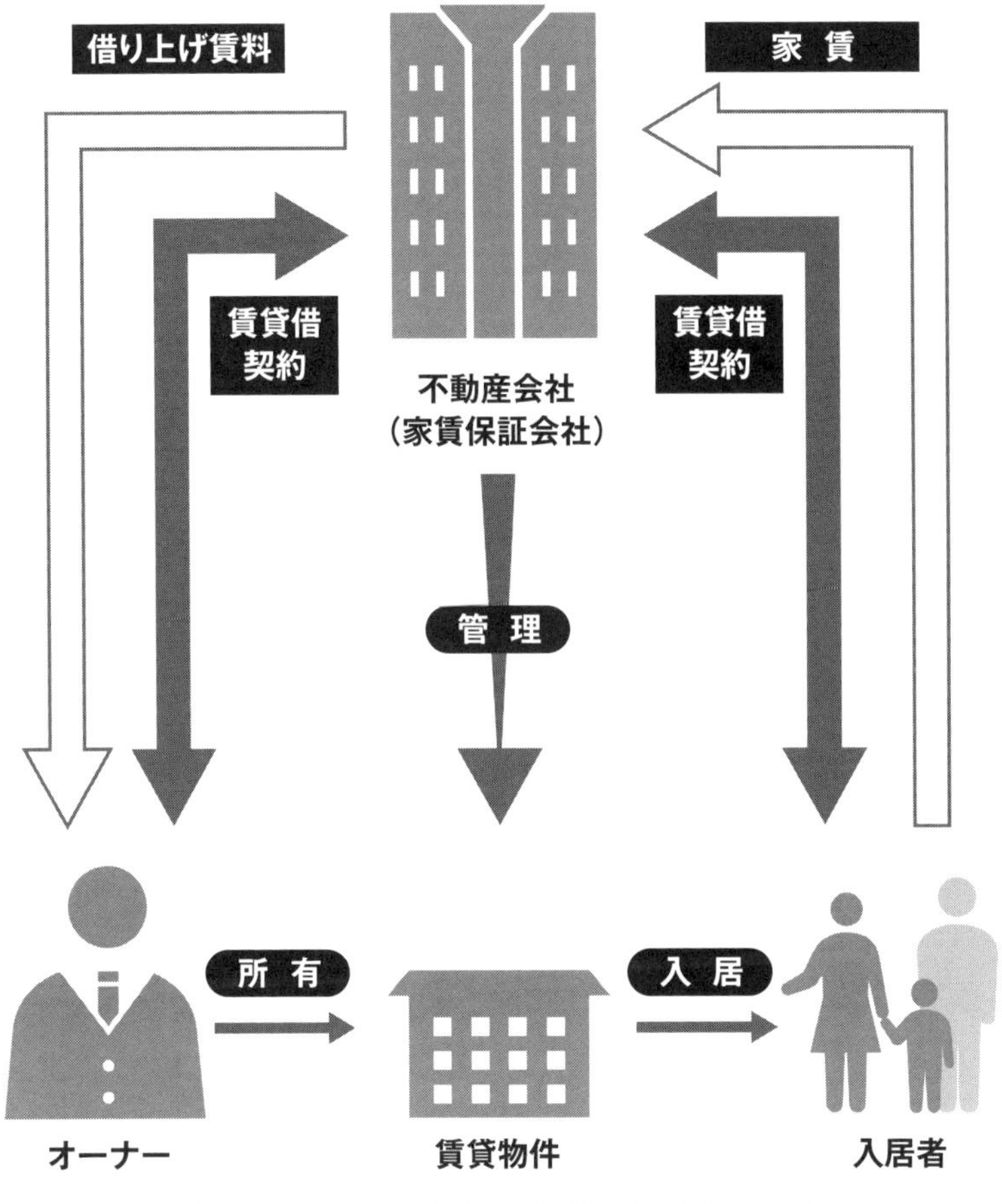

不動産会社はオーナー物件を一括で借り上げ、入居者へ転貸する。オーナーは空室いかんにかかわらず、一定額の収入が保証される。また不動産会社は入居募集や家賃の集金など、オーナーの賃貸物件の管理も請け負う。

ただし、当初の家賃収入1000万円よりも受け取れる価格は落ちます。借り上げた不動産会社が貸主となって入居者を探すのですから、その分の手数料分が引かれるイメージです。数字にするとおよそ10％程度下がると考えてください。

ここまでは納得できるシステムです。

オーナーを泣かせるルールがたくさん

では家賃保証のどんなところに注意すべきか？

家賃保証契約を結んだ場合、オーナーにはさまざまな制限がかかります。

たとえば免責期間といって、最初の3カ月間はオーナーに家賃収入が入らない、といった規約が適用されます。

つまりアパート経営をスタートした最初の年は、9カ月分にあたる675万円ほどにまで収入が減ることになります。

ほかにも、空室が出たら1カ月の免責期間を設ける規約が設定されている場合もあり、当初の見込みからはだいぶ離れた収入となってしまうのです。

さらに極めつけが、家賃の変動です。これが家賃保証で今もっともトラブルの原因になっている部分だと言えます。

家賃保証では10年や20年の長期借り上げをしてくれますが、1年ごとなど、定期的に家賃の見直しが行われます。

もし1年を通して埋まらない部屋があれば、それは家賃の設定に問題があることになります。借り上げた不動産会社としても、利益を伸ばすために空室を埋めねばなりません。

そこでオーナーに、家賃の値下げを打診します。

「相場よりも2000円ほど下げましょう」

といったぐあいです。新築という価値がなくなったその金額分を下げましょう、と言ってくるかもしれません。

オーナーはきっと反論するでしょう。「家賃の値下げがあるなんて聞いてない。契約期間はずっと同じ家賃だと思っていた」と。

しかし契約内容にはしっかりと、定期的な家賃の見直しについて書かれています。家賃保証契約をしたときの営業マンがきちんと説明をしないため、「そんなの聞いてない」とトラブルが発生するのです。

とはいえ、ここでオーナーも「家賃を下げないでくれ」とは言い返せません。実際に部屋は埋まっていないからです。

もし反発したとして、不動産会社から「では解約しましょう」と言われてしまったらどうでしょうか。空室がある状態でアパートを返されてしまったら、それこそ大打撃です。

結果、オーナーは泣き寝入り。家賃の値下げを受け入れるほかにないのです。

これは冗談でもなんでもなく、このような家賃保証に関する問題が次々と報告されています。

家賃保証契約を織り込み済みで建築されたアパートが、駅からだいぶ離れた地方の一角に乱立している、なんて光景も珍しいものではなくなってきました。

多くのアパートが空室を有し、毎年当たり前のように家賃の値下げ交渉があり、オーナーを苦しめています。理不尽に感じて解約したオーナーは、ガラガラのアパートを抱えて路頭に迷うだけ。

利益優先の企業が家賃保証を悪用し、オーナーたちの心情を巧みに操り、資産を食い物にしている。このような現実があるのです。

これは決して大げさな表現ではありません。

今後の改善に期待

家賃保証自体は悪いものではありません。不動産会社と協力して最大限の収益を上げることが家賃保証の本来の目的ですから、むしろ健全で優れたシステムなのです。

しかし、**家賃保証の特性を逆手にとって、オーナーの弱みに付け込みながら、自分たちは安定して利益をせしめている会社も少なくないのが現状**です。

私がこれを書いている現在、家賃保証は法的規制がありませんが、問題視されつつあるので、今後さまざまな法律がつくられていくものと思われます。

あなたがこの本を読んでいる現在、もしかしたら家賃保証の中身は大きく変貌を遂げているかもしれません。

同じ業界にいる者として、家賃保証については今後行政の介入があり、改善が促されることを期待しています。

3章

新築・木造・3階建て
アパート経営、
儲けのヒミツ

サラリーマン大家に嬉しい高入居率を誇るアパート

高収益の近道は高い入居率の維持

私はサラリーマン大家を目指す方に新築・木造・3階建てアパートを強く推奨しています。なぜ「新築」で「木造」で「3階建て」なのか。これについて、一つひとつ詳しく説明していくのが本章の主目的です。

やや専門的な話も多くなってきますが、できるだけシンプルにわかりやすくお伝えしていきます。

導入としてまずお話ししておきたいことは、新築・木造・3階建てアパートの「入居率の高さ」についてです。成功を体験しながらステップアップしていくサラリーマン大家にとって、高い入居率を維持することが、安定した収益を保証してくれます。

もし、入居率が低かったら、満足な家賃収入を得られず、ローン返済や諸経費の支払いでいっぱいいっぱいになってしまい、手元にお金を残すことはできません。

もちろん、これでは生活を豊かにすることはできませんし、将来的に2棟、3棟と増やしていく余裕も出てきません。

ですから、不動産投資では、「とにかく高い入居率を維持して、継続して理想的な家賃収入を得ていくこと」、これがサラリーマン大家が不動産経営を続けていく上での必須課題となってきます。

これは私も本事業を進めていくうちにわかったことですが、新築・木造・3階建てアパートはほかの建物に比べて、とにかく入居率が高いのです。

私の会社を例にすると、時期によって若干の変動はありますが、平均して入居率は96%以上という数値を達成できています。

この高入居率こそが、新築・木造・3階建てアパート最大のアピールポイントと言えるでしょう。

2階建てより快適、RCや鉄骨よりリーズナブル

ではなぜ新築・木造・3階建てアパートは高い入居率を達成できるのか。

より詳しい話は後の項目でお伝えするとして、ここでは前提として大枠の部分をご説明しておきましょう。

第一に挙げられるのは、部屋数を最大限確保できるという点です。同じ土地の面積があったとして、その土地に建つ**2階建てアパートが4部屋×2階の8部屋ならば、3階建ては3部屋×3階の9部屋が確保できます**。

この1部屋の差は、家賃収入の面で大きく違ってきます。しかも1部屋当たりの間取りも広くできるので、入居者に選ばれやすく、空室になりにくいメリットがあります。

同じ広さでRC造や鉄骨造の部屋より家賃が低く設定できるのも、入居者に選ばれやすい理由のひとつです。これも後ほど詳しくお話ししますが、木造はRC造や鉄骨造に比べて建築費や維持費が安いため、家賃も低く設定することができるのです。

少しでも費用を抑えて建てられるのはサラリーマン大家にとってとてもありがたい点と言えるでしょう。部屋が狭いとか、家賃が高いとか、ほかの建物が抱えている問題を

2階建てと3階建ての比較

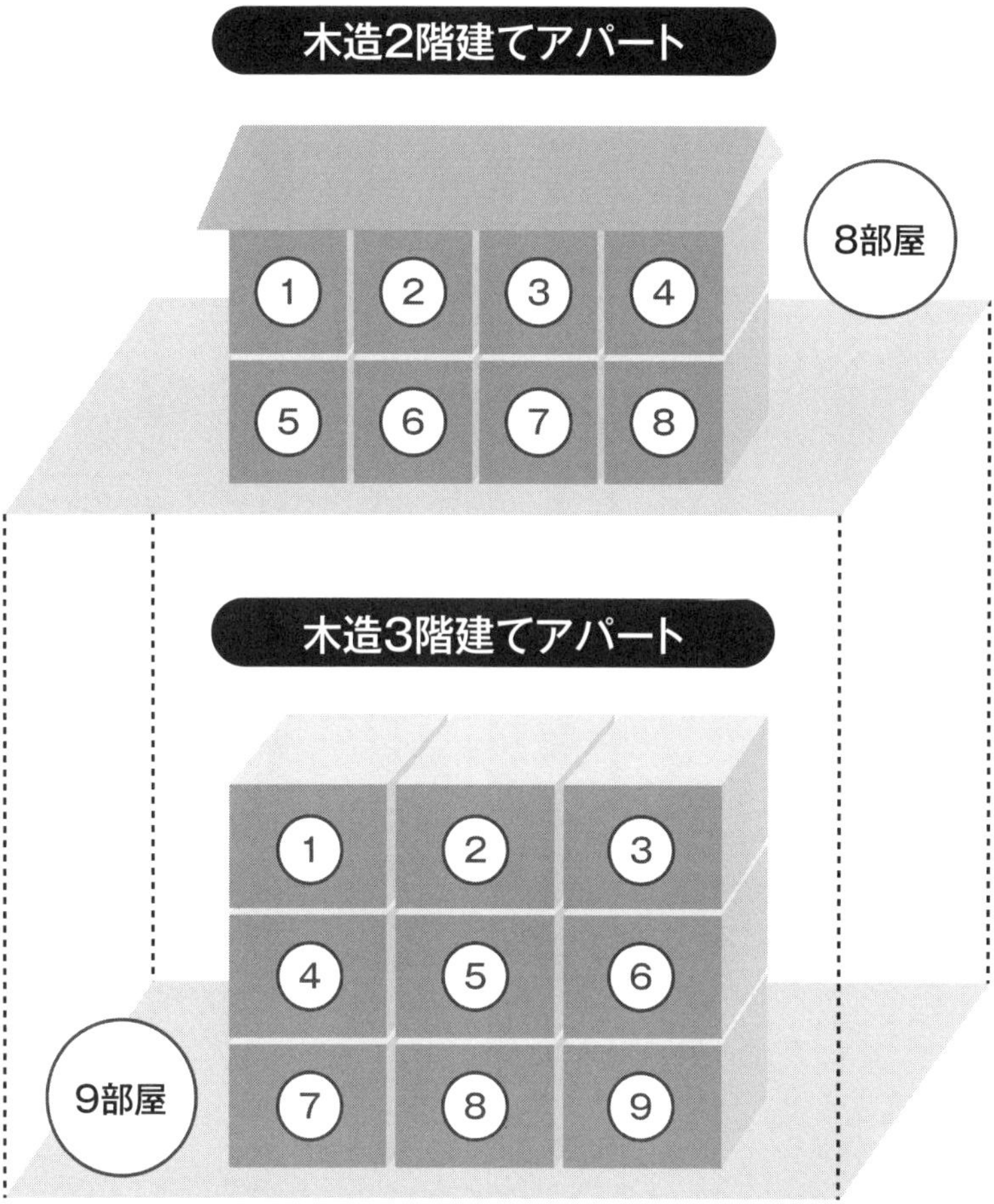

同じ大きさの土地でも3階建ては1部屋分
多くとることができ、かつ部屋の面積も広くなる

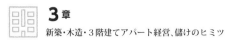

新築・木造・3階建てアパートでは解消できています。だから入居者に長く安心して住んでもらえ、高い入居率を維持できているのです。

ニッチな市場なのもサラリーマン大家向き

私の会社で新築・木造・3階建てアパートの販売をスタートしてからだいぶ経ちますが、市場ではまだまだ目新しい商品です。

世にあふれた2階建てアパートや中古のマンションよりも入居率が高いのは、入居希望者にとっては目新しく、かつ豪華に見えることも一因となっています。

市場で生き残るには、いかに他にはない価値を提供できるかが重要になります。新築・木造・3階建てアパートはそれが実現できています。

長期的に見て、たくさんの入居者に好まれやすい建物となっているので、これほどサラリーマン大家に向いている投資物件はないと、私は確信を持ってお勧めしています。

大手の参入が少なく、競争率の低いニッチさが、まさに投資向き。今後も高い入居率を維持し、オーナーに安定した収入をもたらしてくれるでしょう。

新築と中古、お得なのはどっち？

新築は自己資金が少なくてもOK

ここからは「新築」のメリットに絞ってお伝えしましょう。

まず、言うまでもないことですが、新築の対極にあるのが中古です。これはすでに2章でも触れましたが、中古物件は使い古された物件なので、早い段階で修繕が必要になってしまいます。

ですので中古物件の経営をスタートさせる際には、事前に修繕費を確保しておかないといけません。

この修繕費は、なるべく少ない自己資金で融資を受け、ローンを返済しながら収入を得ていくスタイルのサラリーマン大家にとっては手痛い出費になってしまいます。

つまり、できるだけスタート時の資金を抑えるのであれば、修繕費のかからない新築に軍配が上がります。

実際の収益差はどのくらい？

しかし、そうは言っても不動産投資を始めようと考えているサラリーマン大家の多くが、新築への投資に抵抗感を持っているようです。

「新築は高くつくから、ローンの返済がたいへんそうだ」

建築費用が気がかりとなり、すでに建物ができ上がっている安価な中古のほうへと流れてしまうようです。

では本当に、中古のほうが安く、新築のほうが高い支出となってしまうのでしょうか。実際に物件例を出してシミュレーションしてみましょう。

まずは中古物件からです。ここでは次のような物件を例とします。

販売価格：6075万円

部屋数：9部屋

家賃：４万５０００円
年間家賃収入：４８６万円
利回り：８％

これに自己資金３００万円で次のような融資を受けます。

融資額：５７７５万円
返済期間：30年
金利：４・５％

このような条件で融資を受けた際、月々の返済額はいくらになるかというと……。

月の返済額：29万２６１０円

年間にするとおよそ３５１万円の返済額です。

年間家賃収入は４８６万円でしたから、返済額を差し引くと手元に１３５万円のキャッシュが残ることになります。とはいえ諸経費がいろいろとかかりますから、その分を年間家賃収入の10％とすると、実際のところは86万円ほどと考えておきましょう。

金利4・5%で融資を受け、中古物件のオーナーになれば年収が86万円ほどアップする。あくまで想定的な算出ですが、この数字はたいへん魅力的に映ります。

続いて新築です。

新築は家賃が高く設定できますが、建築費用も高くなるので、利回りは中古より低くなるのが一般的です。

販売価格：9600万円
部屋数：9部屋
家賃：6万5000円
年間家賃収入：702万円
利回り：7・3%

中古と同様、自己資金300万円で融資を受けます。

融資額：9300万円
返済期間：30年
金利：0・8%

このくらいの融資設定が現実的なところでしょう。

さて、月の返済額は次のようになります。

月の返済額：29万657円

中古と同程度の返済額となりました。見かけ上の出費に違いはありませんね。

ちなみに年間返済額は349万円ほどで、年間家賃収入から引くと手元に353万円残る計算になります。

諸経費を年間家賃収入の10％で見積もったとしても、283万円程度をキャッシュとして手にすることができるでしょう。

もちろん家賃の変動や、中古と同様新築にも修繕が必要になる日がきますから、収益は年を経るにつれ落ちていく可能性があります。

それでも中古よりは大きなキャッシュを手元に残すことができます。これだけでも新築の旨味は感じられますが、話はここからさらに重要になります。

カギを握るのは借入時の金利差

融資を受ける上で重要となってくるのが金利です。

新築が超低金利で融資を受けられることは、1章でもお話ししました。例に挙げているふたつの物件でいうと、中古は4・5%、新築は0・8%でした。

金利は時代によって変動していきますが、2017年1月現在では、このくらいの数値がリアルなところだと思います。

さて、この金利差が返済額にどれだけの差を生むのか。

オーナー目線でいうと、利息分でどれだけ余計な費用を支払うことになるのか。

実際に計算しましょう。返済総額を元金分と利息分に分けて、新築と中古を比較すると、左ページの上図のようになります。

高金利で融資を受けて中古アパート経営をすることが、どれだけ余計な利息分を払う結果になるかがよくおわかりいただけたかと思います。

新築と中古、4%弱の金利差が、支払うトータルの額にこれだけの差を生み出します。

ちなみに、中古物件を低金利融資で購入することは無理ではありません。

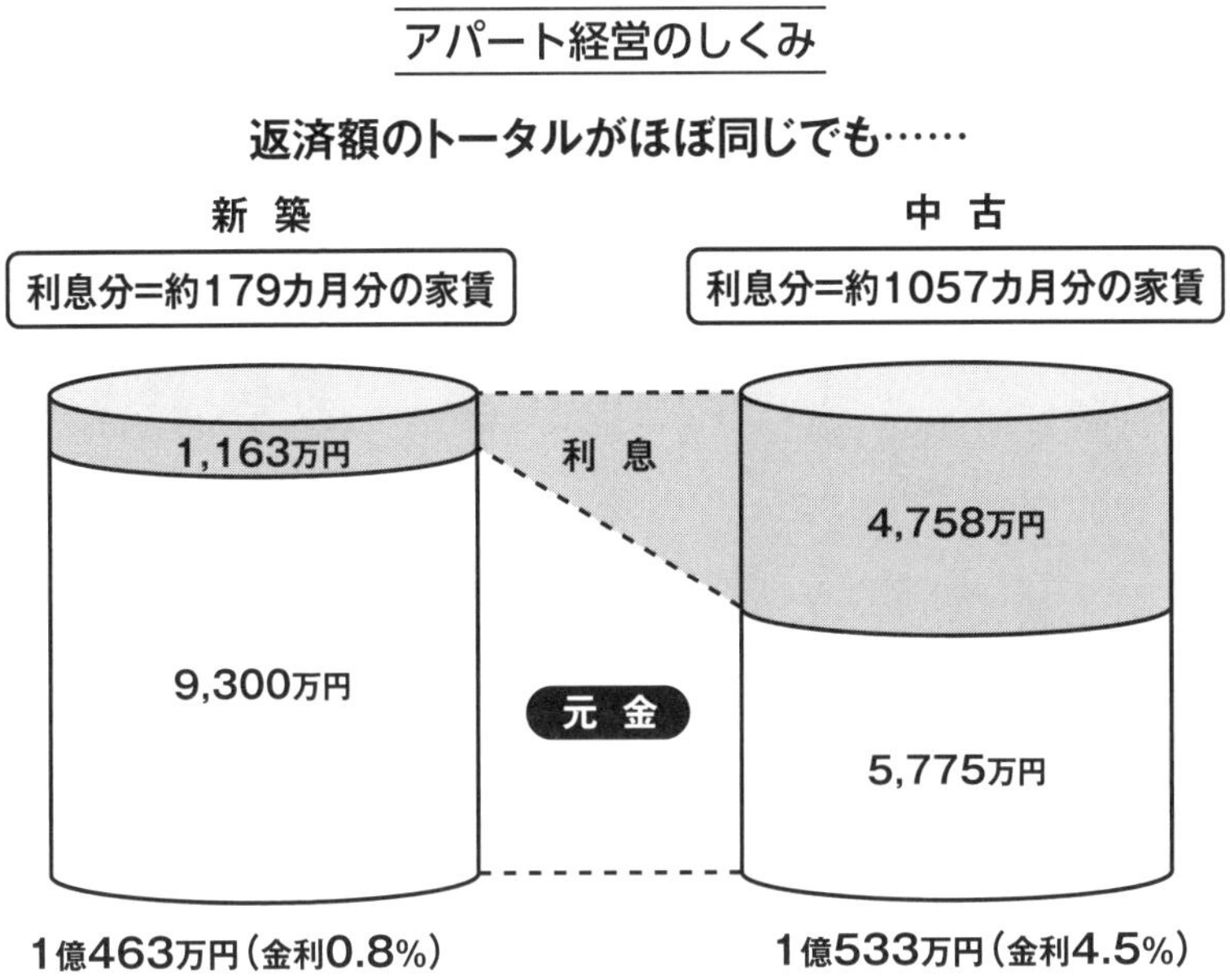

しかしこの場合、返済期間は10年程度と極端に短くなります。その分、月々の返済額が高額になってしまい、家賃収入を上回ってしまうでしょう。手元に利益を残したければ、数千万円規模の自己資金が必要となってきます。

低金利融資での中古物件は、返済しながら利益を出していくサラリーマン大家の経営スタイルにはマッチしないということです。

はたしてこんな新築超低金利の時代に、サラリーマン大家がわざわざ高金利で融資を受けてまで中古物件を買う必要なんて、一体どこにあるのでしょうか。

投資初心者だからこそ新築物件でスタートすべき

借入残高の評価

スタート物件は新築物件が向いていることを、別の角度から見ていきましょう。

アパート経営で、さらに収益を伸ばしていきたいなら、2棟目、3棟目と所有物件を増やしていくべきです。もちろん2棟目以降も銀行から融資を受けることになりますが、その際に1棟目とはどのような違いが出てくるかを考えてみましょう。

融資を審査するとき、銀行はまずお金を借りる側に借金がないかを調べます。

このとき、すでにローン返済中の物件の借入残高があると、借金のひとつとして数えられます。借入残高とは、借りた金額（元金）から返済した額（利息分を除く）を引いた、借金の残額のことです。

「それなら、借入金額の大きい新築のほうが、2棟目を建てるときに不利になるのでは？」

そう思われるかもしれません。

確かに中古よりも新築のほうが借りた金額は大きくなりがちなので、2棟目以降を建てる際も借入残高はたくさん残っていることでしょう。

しかし、実際のところ銀行が評価するのは、借入残高そのものではありません。

「借入残高はどのくらいのペースで減っているか」や「返済中の物件には現在どのくらいの資産価値があるのか」といった点を銀行は審査の対象とします。

では、この借入残高と資産価値についてもっと詳しくご説明していきます。

借入残高と資産価値の関係

ここでは、ひとつ前の項目で例に出した「金利4・5％で5775万円の融資を受けた中古物件」と「金利0・8％で9300万円の融資を受けた新築物件」で、借入残高について見ていきます。

99ページの表の5年後の借入残高に注目してください。中古物件は5775万円のスタートから、５００万円程度しか借入残高が減っていません。対して新築物件は９３００万円からスタートして、５年後には１４００万円近く借入残高が減っています。

さらに年数を追っていくと、新築は15年を過ぎたあたりで４４００万円ほど借入残高が減って折り返し地点が見えてくるのに対し、中古はまだ２０００万円程度しか借入残高を減らせていません。

なぜこれほど借入残高の減るスピードに違いが出るかというと、金利が違うからです。中古物件は金利が高いため、返済額のうち利息の占める割合が大きくなってしまっています。利息分が高いほど、元金分の返済に充てる金額は少なくなり、借入残高の減るペースは遅くなります。

さて、この借入残高の差がどんな結果を生むのでしょうか。

実は、**この減った分の借入残高こそ、資産価値の評価と見なすことができます**。

たとえば1棟目の経営を始めてから5年目で次の物件の購入を決めたとき、５００万円しか借入残高が減っていない中古物件と、１４００万円も借入残高が減っている新築物件では、間違いなく後者のほうが高い資産価値を持っています。

したがって、銀行から融資を受けるときも有利に働くのです。

新築と中古の借入残高の比較表

■借入残高の比較

（円）

	中古・金利 4.5%	新築・金利 0.8%
1年後	56,803,389	90,244,810
3年後	54,780,457	84,668,128
5年後	52,571,364	79,001,863
10年後	46,117,841	64,434,768
15年後	38,075,577	49,275,592
20年後	28,053,452	33,500,269
25年後	15,564,062	17,083,756
30年後	0	0

グラフにすると

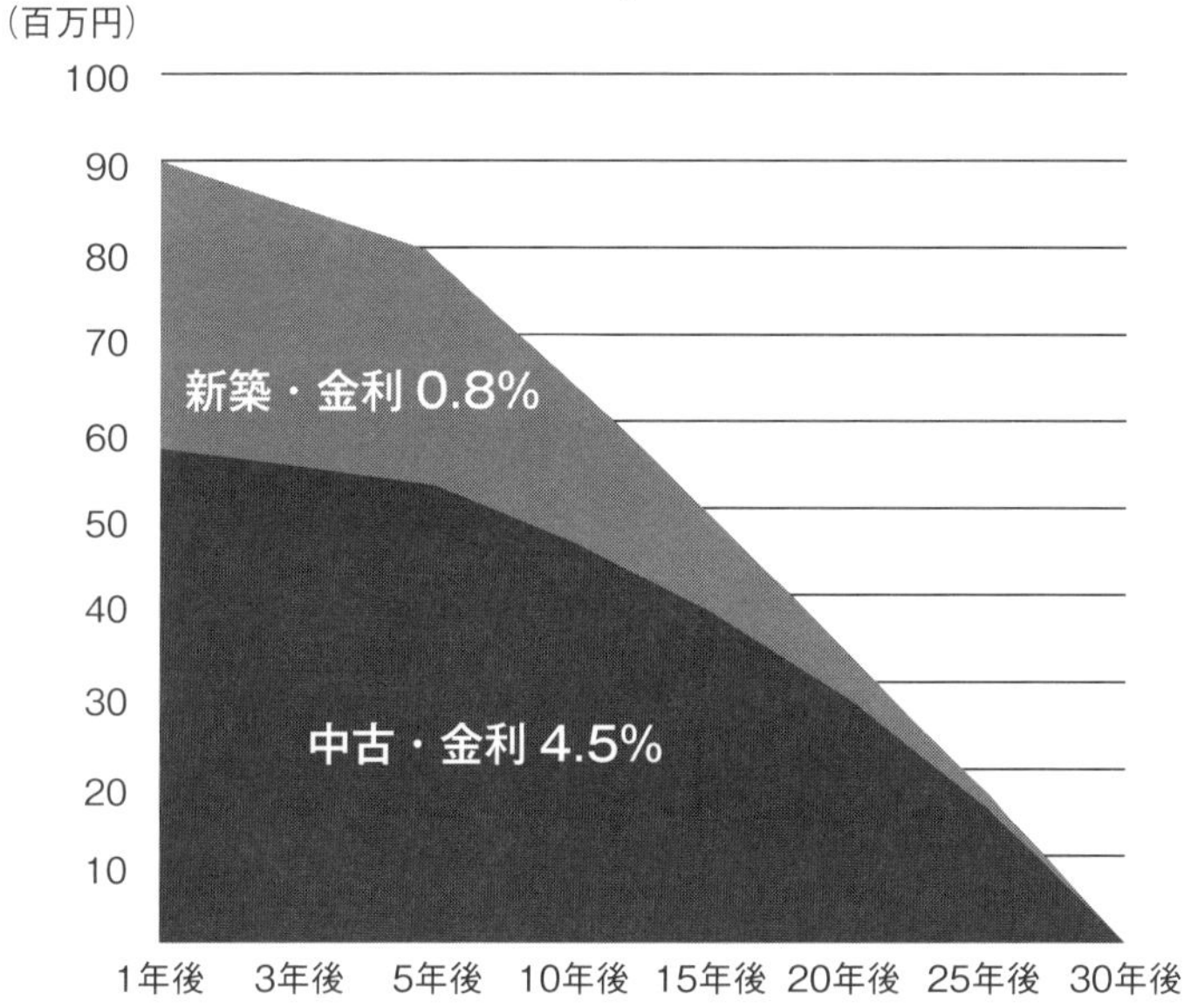

サラリーマン大家は新築物件からスタート

少し難しい話になってしまいましたが、以上のような理由からも、サラリーマン大家が不動産投資を始める際には新築物件が最適だと言えます。

もちろん、中古物件には中古物件の良さがあります。

自己資金を持っていて、融資の返済期間を短く設定できるのであれば、中古物件は投資に適しています。中古物件は利回りが高いので投資回収効率は良いですし、短期間で償却すれば税金対策にもなります。

とにかく、**中古物件はある程度お金を持っている人向け**。

一方、**借入残高が減りやすく、資産価値としての評価が高い新築物件は、サラリーマン大家に最適**です。

1棟目の新築物件で資金を貯めてから、2棟目以降で中古物件を視野に入れるのがベターな戦略かもしれません。

とにかく、スタートは断然、新築物件です。

投資資金を最短回収できるのが木造の良いところ

早期回収できる投資が良い投資

投資の善し悪しは、回収の早さやリスクの度合いなど、さまざまな角度から総合的に評価されます。たとえ利回りの低い投資であっても、確実に収入としてお金が入ってくるのであれば、それは良い投資です。逆に利回りが高くてリスクも高い、いわゆるハイリスク・ハイリターンな投資は、良い投資とは言えないでしょう。

こと不動産投資に関して言えば、資金の早期回収が最重要視されます。建物の価値は年々下がっていきます。ボロボロになって見向きもされなくなってしまう前に投資資金を回収し終えることは必須なのです。また、できるだけ早く投資分を回収しきる計画を立てることで、2棟目以降のビジョンもより明確になります。

木は安いから資金回収も早い

建物には大きく、木造、鉄骨造、RC（鉄筋コンクリート）造があります。

この中で、どの造りがもっとも材料の値段が安いかというと、当然のことながら木造が安いです。もちろん工期の短さなど、材料の安さばかりではありませんが、単純な話、木造は建築費が安く済むので、投資回収もいちばん早く終わります。

では、ひとつの物件例を見てみましょう。

新築・木造・3階建て（戸数9戸）
販売価格：8000万円（土地：3000万円　建物：5000万円）
家賃収入：58万5000円／月

金利などの細かい部分を無視して、投資資金がどのくらいの期間で回収できるかを計算しましょう。

ここでいう投資資金は、建築費のことを指します。建物は価値が下がっていく一方なのに対し、土地は価値が安定しています。建物にかけた資金が、どのくらいの期間で返ってくるかを考えます。というわけで、回収期間は建物代を家賃収入で割ることで求められます。

構造の違いによる借入残高の比較表

構造	建築費	年間家賃収入	資金回収期間
木造	5,000万円	702万円	約7年
鉄骨造	7,650万円	756万円	約10年
RC造	1億円	864万円	約12年

※上記はあくまで目安。部屋数は9部屋で算出

木造は年間家賃収入が一番安くなってしまうが、建築費を回収するのはもっとも早い。

5000万円÷58万5000円≒85カ月

およそ7年で投資資金を回収できる計算です。これに金利やその他もろもろが入ってくるので、実際のところは9年くらいと考えるべきでしょう。

ではは木造以外、鉄骨造やRC造はどうかというと、一般的な建築費とおよその回収期間は上図のようになっています。RC造や鉄骨造は家賃収入が高くなる反面、建築費が膨大になってしまうので、投資資金回収までの道のりは長くなってしまいます。

建築費が安く投資回収スピードが早い点で、木造建築はサラリーマン大家向きと言えます。

鉄骨造やRC造は価格が高騰している

オリンピック需要による資材の値上がりもある

今、鉄骨造とRC造は建築費が高くなる一方です（2017年2月現在）。私の会社でもかつてRC造の建築を行っていたことがありますが、そのころに比べて3割程度、費用が高くなっている印象です。

鉄骨造やRC造の高騰には理由があります。

ひとつは建築資材の値上がりです。鉄骨造とRC造を比べると、鉄骨造のほうが安いのが一般的ですが、鉄骨の値上がりにともなって、建築費の差はどんどん縮まっています。

ではなぜ建築資材が値上がりしているかというと、東京オリンピック開催の影響で、建築需要が高まり、資材不足が慢性的に発生、職人さんも足りていない状況だからです。

景気が悪かった時代、鉄骨などを加工する工場が経営難となり、次々と閉鎖してしまいました。そこからの突然のオリンピック需要ですから、加工する工場が減っている現在、どこもフル稼働で資材の製造にあたっています。

このような景況が、資材高騰の引き金となっています。

安い案件は後回し

もうひとつ、鉄骨造とRC造の建築費が高くなっている要因があります。

オリンピック需要でゼネコンは絶好調。これまではひとつの案件に対していくつものゼネコンが競い合っていたのですが、今は需要のほうが高まっているため、ゼネコン側が仕事を選べるようになってきました。

そのためゼネコンは安い仕事を受けず、より利益の上がる仕事だけに力を注いでいます。

この事態が結果的に、鉄骨造やRC造の値上がりを引き起こしているのです。

私の会社でも一棟、ゼネコンに発注して鉄骨9階建てのテナントビル建設を計画しています（2017年2月現在）。やはりこれも、こちらが想定していたよりも3割ほど高い見積もりです。

鉄骨造のビルを建てる際に困ったのは金額だけではありませんでした。「待たされる」のです。

鉄骨の資材を加工する工場はパンク寸前の稼働状況ですから、私の会社のビルに資材が回ってきません。着工にまでなかなかこぎ着けないのです。

しかしその間にも、土地部分の借入の返済はスタートしています。

これは会社で扱う事業だからまだいいのですが、個人のオーナーだとしたら気が気ではありません。

家賃収入の一部を返済に充てていくというスタイルが根本から崩され、建物が完成してアパート経営が始まるまでは自腹を切る羽目になります。

対して木造ですが、オリンピック需要からはいい意味で蚊帳の外にいます。工場も違えば、工事に関わる職人さんたちもまったく違う人たちです。かかる費用に今も昔もさほど差はありません。

今、**アパート経営をするなら、間違いなく木造です。競争の激しい鉄骨造やRC造だと、余計な出費やリスクを背負うことになるでしょう。**

木造は何といっても、間取りの自由度が高いのが良い

ワケありの安い土地

初期費用をできるだけ抑えたいというサラリーマン大家にとって、土地の価格は物件購入時の重要な要素です。だからといって、無計画に安い土地を買うのは御法度。かなり田舎で都心部へのアクセスが悪かったり、駅から徒歩20分も離れていて利便性が悪かったら入居者には選んでもらえません。

しかし中には、立地的には悪くないのに、販売価格が安い土地があります。駅から近く、都心部へも出やすい。治安も良いし、住みやすい環境の中にある。

それでも売れ残ってしまう土地があるのです。なぜ立地が良いのに安く販売されているのでしょうか。安いのにはちゃんとした理由があります。

競争率の低い土地で、最大限の投資回収効率を発揮

売れ残って安くなってしまう理由は土地の形です。

三角形だったり細長かったりといった変わった形の土地は、建築会社に嫌われます。なぜなら、その土地の形に合わせて柔軟な設計をしなければならないからです。

とくに大手のハウスメーカーは規格型の住宅を建てることを得意としているので、こういった土地に手を出しません。模範的な四角い土地を好んで購入します。

さて、間取りの柔軟性に富んでいるという点で、木造ほど優れたものはありません。たとえば三角地に合わせて斜めの間取りにする場合、鉄骨造やＲＣ造も対応させることはできますが、オリジナルの加工が必要となってくるなど、余計なコストがかかってしまいます。鉄骨やＲＣは基本、四角い建造物に適した資材なのです。

対して木はカットするだけのことなので、斜めにすることが大きなコスト増につながるなんてことはありません。

三角形だろうが異常に細長かろうが、木造ならお手の物。土地の形に合わせ、無駄なく、スペースを最大限に使い、土地の大きさを活かしながら、建物を建てることができます。

三角地に建つアパートの例

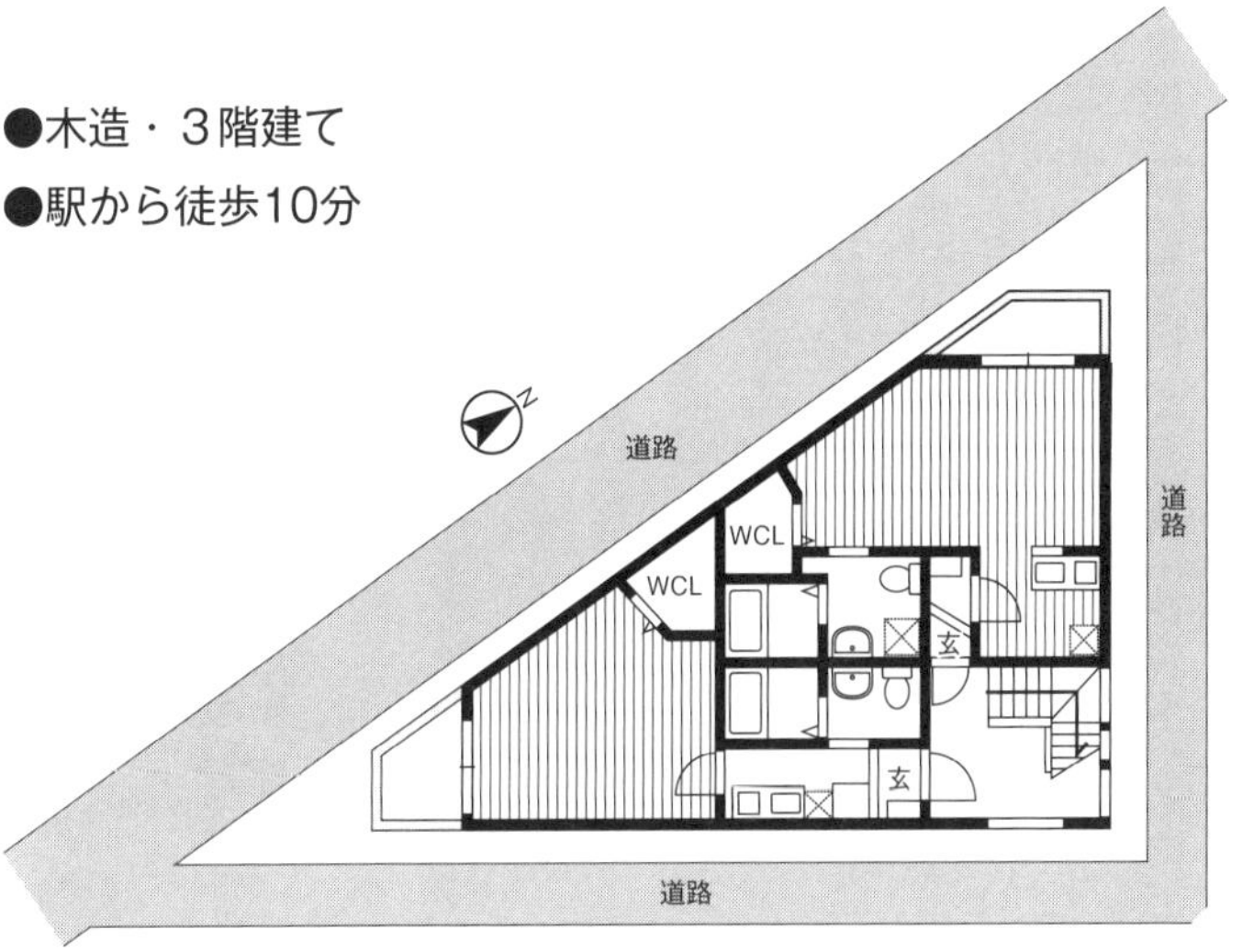

最大限というのは、いかにして住みやすい部屋を造るかと、住みやすい部屋をどれだけ多く造れるかです。

木造アパートを主体としている私の会社では、ほかの不動産会社が手を出しづらいワケありの安い土地を積極的に購入しています。

オーナーにとっては、安く買えた土地にたくさんの部屋数を確保したアパートを建てられるのですから、これほど収益性の高い投資もなかなか見当たらないはずです。

間取りを自由自在に操れ、どんな変わった土地でも最大限の収益を引き出せる点で、木は最強と言えるでしょう。

収益を増大させるのは木造の代謝の良さ？

木造は短期償却でさまざまな運用が可能

長期にわたって使用し、なおかつ年々劣化していく建物には、減価償却が適応されます。減価償却費は、経費として計上することによって、アパート経営上の税金対策として大きな力を発揮します。

ポイントとなるのは、減価償却費が建物の耐用年数によって大きく変わるところです。木造の耐用年数が22年に対し、ＲＣ造なら47年にわたって、減価償却されていきます。

たとえば木造とＲＣ造の建物を同じ時期に建て、同時に不動産経営をスタートさせたとしましょう。

木造は22年で償却が完了します。そのころになると「そろそろ2回目の大規模修繕を」

といった話も出てくるので、思いきって解体するのもひとつの手です。

土地を売れば購入時と同程度の土地代が戻ってきますし、売却せずまた新しいアパートを建てて経営を続けていくこともできます。

もちろん古さは隠せませんが、解体せず修繕をして経営を続けていくことだってできます。つまり、木造の場合は、さまざまな運用が可能なのです。

一方でRC造は耐用年数が47年ですから、22年では半分程度しか償却が完了しておらず、まだ新しい運用を考えられる段階ではありません。

長寿の建物は時代に取り残される

耐用年数が長いというのは、長期間にわたって収入を得られるというメリットがある反面、時代に遅れた物件になってしまいがちというデメリットがあります。

20年ほど前までは、ユニットバスとトイレが別のワンルームは珍しいものでした。導入された物件は注目を集め、多くの入居希望者が集まりました。

以降、ユニットバスとトイレが別の物件は急速に増え、今では当たり前の賃貸設備になっています。

反面、ユニットバスとトイレが一緒になったタイプの物件は需要が減り、空室率が高くなっています。

さらにトレンドは移り、今はユニットバス・トイレ別は当たり前、さらに独立洗面所が付いている物件が人気を博しています。もしかしたら、いずれユニットバス・トイレ別だけが売りの物件は、見向きもされなくなるかもしれません。入居者のニーズは時代とともに変わっていきます。もちろん、私たち供給する側も新しいニーズに合わせた物件を提供し続けないといけませんが、とにかく**耐用年数の長い物件は、自然と時代に遅れた物件と見なされ、入居がつきにくくなるもの**なのです。

これが耐用年数の長いRC造の危うさだと思います。

私はオーナーに提案することがあります。

「22年経ったら解体して、また新しいアパートを建てればいいじゃないですか」

これが木造の魅力のひとつだと考えます。

木造は解体費が安いのですから、22年の償却期間が終わったら、時代に合った新しいタイプのアパートをまた建て直すことがお勧めです。

そのほうが入居者は確実に集まりやすいですし、家賃も高く設定でき利回りも高くなります。すでに土地は持っているわけですから、融資を受けるのは上物部分だけ。より効率的な収益が見込める算段です。

低資金で始められ、高利回りを約束し、早い時期にスクラップ&ビルドができる。

このような、木造の代謝の良さが、オーナーに末永く豊かさを与えてくれるのです。

考えればわかるのに、見落としがちな1階の空室リスク

最高の利回り＝ほぼ満室状態

融資を受け、返済しながら収入を得ていくスタイルのサラリーマン大家にとって、もっとも注視しなければいけないのは当初の計画通りの利回りが実現できるかです。

家賃設定を適正にし、入居希望者に選んでもらい、ほぼ満室の状態を維持して、最大効率の収入を得ることが最高の状態です。

事業計画通りの利回りが達成できないと、収入を得られないどころか、返済が追いつかなくなり赤字経営となってしまいます。

そのためにはとにかく空室を作らないことにこだわる必要がありますが、その前にそもそも、空室リスクの高い物件とはどんなものなのでしょうか。

空室になりやすい1階を埋めるために必要なこと

もちろん建物の古さ、立地、設備なども空室を生む要因ですが、ここでは1階比率について考えてみましょう。

1階比率とは、全部屋数に対する1階部屋数の割合のことです。

アパートでもっとも空室になりやすい部屋は1階です。理由は簡単で、防犯対策や音問題（上階の足音）などから、多くの入居者は2階以上に住みたがる傾向にあるためです。みなさんも部屋探しのときにそのように考えたことはないでしょうか？

つまり、投資効率を考えるのであれば、空室になりやすい1階の部屋数はなるべく少なくしたほうが儲かるわけです。

もっと言うと、**全部屋数に対して1階の割合が低いほど、空室発生によるリスクは下げられることになります**。たとえば2階建て8部屋のアパートをイメージしてみてください。1階に4部屋、2階も4部屋ですから、1階の比率は50％になります。

では3階建てではどうでしょう。3部屋×3階の部屋なら、1階比率は約33％です。50％と33％、この差は甚大です。

入居者がなかなか決まらないと損失はふくらむ一方。そこで困ったオーナーがどうするかというと、家賃の値下げを決断するわけです。

必然的に、空室となりやすい1階は、2階よりも家賃が低く設定されます。実際にどのくらい下げれば入居がつきやすいかと言うと、3000円が大体の相場で、2000円が限界といったところでしょう。

住む側の立場になってみるとよくわかりますが、確かに「3000円安いなら1階に住んでもいいかな」と妥協できそうな額ではあります。

1000円ほど下げただけでは、「ほかで2階以上の空いてる部屋はないかな」と別の物件を探されてしまう可能性が高いのです。

1部屋3000円減のダメージはけっこう大きい

空室を減らしたいなら1階部分の家賃を3000円程度減らせばいい。「3000円ぐらいなら」と考える人もいるかもしれません。しかし、投資家の目線で見ると、これは単純な話では済まされません。

3000円下げることがどれほどの収入減になるか。

2階建て8部屋のアパートなら、半分の4部屋を3000円減らすことになります。合計すると月1万2000円となり、年間では14万4000円の収入減です。

もちろん、部屋が埋まらないよりはいいという話ではありますが、全部屋のうちの50%の家賃を下げるのは相当な覚悟がいるでしょう。

対して3階建て9部屋のアパートも3部屋の家賃を3000円減らすことになり、年間で10万8000円の収入減ですが、残りの6部屋の家賃が下がることはない（むしろ3階の部屋は上げることも可能です）ので、2階建てよりも確実な収益が見込めます。

空室になりやすく、しかも家賃を下げなければいけない1階部屋。

この1階部屋の割合が低い3階建てアパートは、サラリーマン大家にとって、効率の良い投資回収を実現する大きな要因となってくれます。

安定した家賃収入獲得のポイントは角部屋を多く造ること

みんな大好き角部屋

家賃収入を左右する要素のひとつとして、角部屋は重要です。

角部屋は入居者に好まれます。日当たりや風通しが良い、隣接する部屋がひとつなので騒音トラブルが少ない、などなど、メリットの多さが入居者にとって高ポイントのようです。物件によっては間取りが少し広い、といったものもあるでしょう。

その使い勝手の良さから、入居者に退去されにくい部屋で、安定して家賃収入を得られる点が、オーナーにとっては魅力となっています。

もちろん人気の角部屋ですから、家賃も高めに設定できます。

どのくらいかというと、地域にもよりますが、両隣が部屋の中住戸よりも1000円増が相場だと言えます。

角部屋の数が多いほど人気の高いアパートになり、オーナーへ入ってくる収入も高いものになります。

4部屋×2階建てアパートと3部屋×3階建てアパートの角部屋数を比べると、言うまでもなく、3階建てのほうが角部屋は多いです。

この点からも、3階建てアパートの良さが引き立っています。

角部屋の多い3階建てが大きな収益を生む

さて、ひとつ前にお話しした「1階は3000円ほど安くしないと入居がつかない」というポイントも踏まえ、アパート各部屋の家賃設定についてまとめてみましょう。

ちなみに3階建ての場合、3階の部屋は2階よりも2000円程度高く設定できるというのが大体の相場感覚です。

もちろん3000円くらい高くても入居者は入るかもしれませんが、階段を上る労力を考えて敬遠する人もいるので、2000円ぐらいが妥当だと私は考えています。

それでは左図を併せてご覧ください。

3階建ての場合、2階中央の部屋を基準として、その部屋の家賃を6万円に設定すると次のようになります。

2階の角部屋は6万1000円。

1階中央の部屋は5万7000円で、1階角部屋は5万8000円。

3階中央の部屋は6万2000円、3階角部屋は6万3000円。

6万円×9部屋で54万円の想定が、実質54万3000円の収入に落ちつきます。1階の家賃のマイナス分を補ってくれるどころか、プラスにまで持って行ってくれています。

2階建ても同じように計算していくと、図のように8000円のマイナスとなり、1階部屋の多さと角部屋の少なさが収入減につながってしまっています。

角部屋の威力はまさにここになります。**家賃収入面でもプラスになり、しかも角部屋という理由だけで入居がつきやすい**。

角部屋数の多い3階建ては、2階建てよりも確かな収益をオーナーに与えてくれます。

アパートの部屋ごとの家賃設定の例

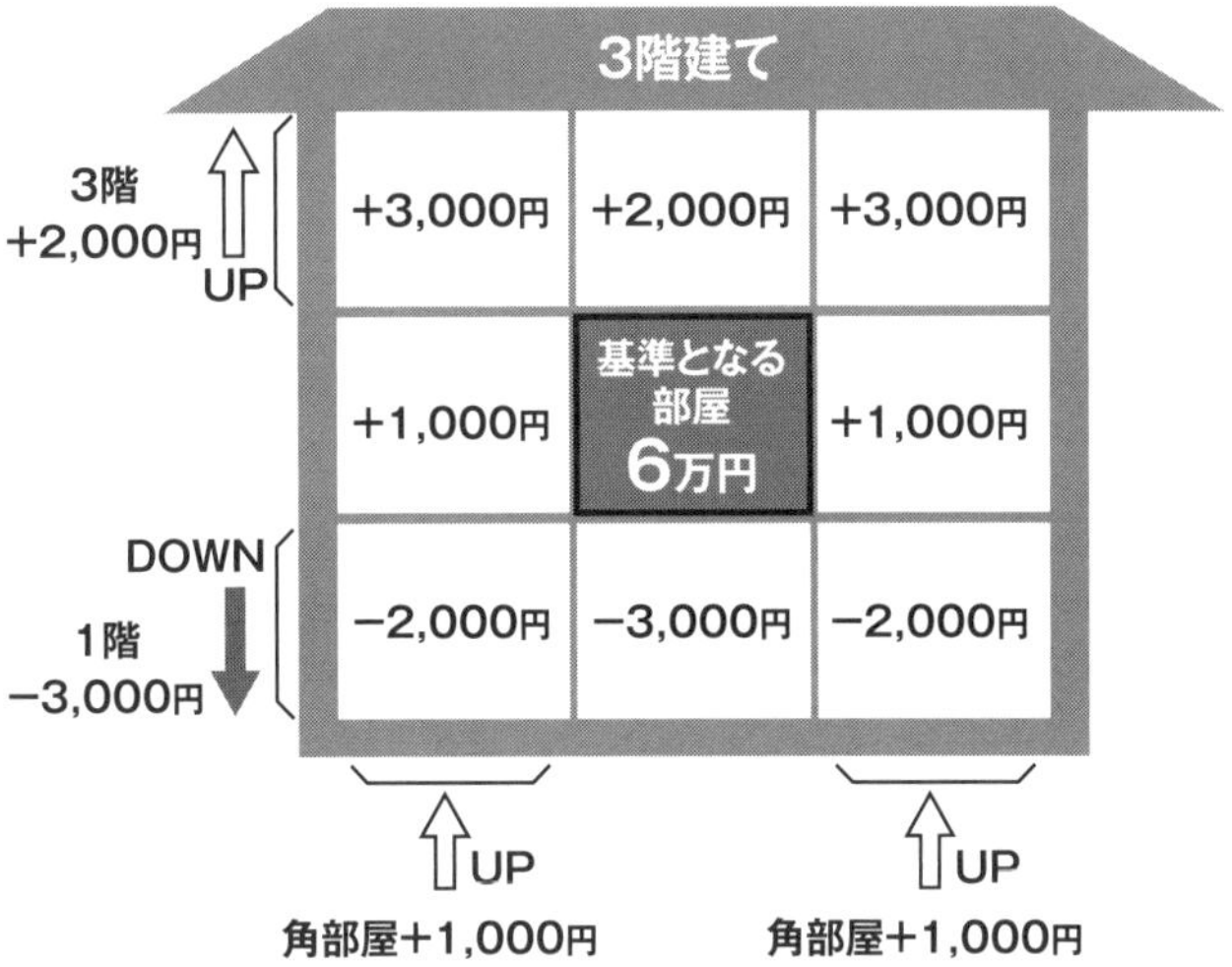

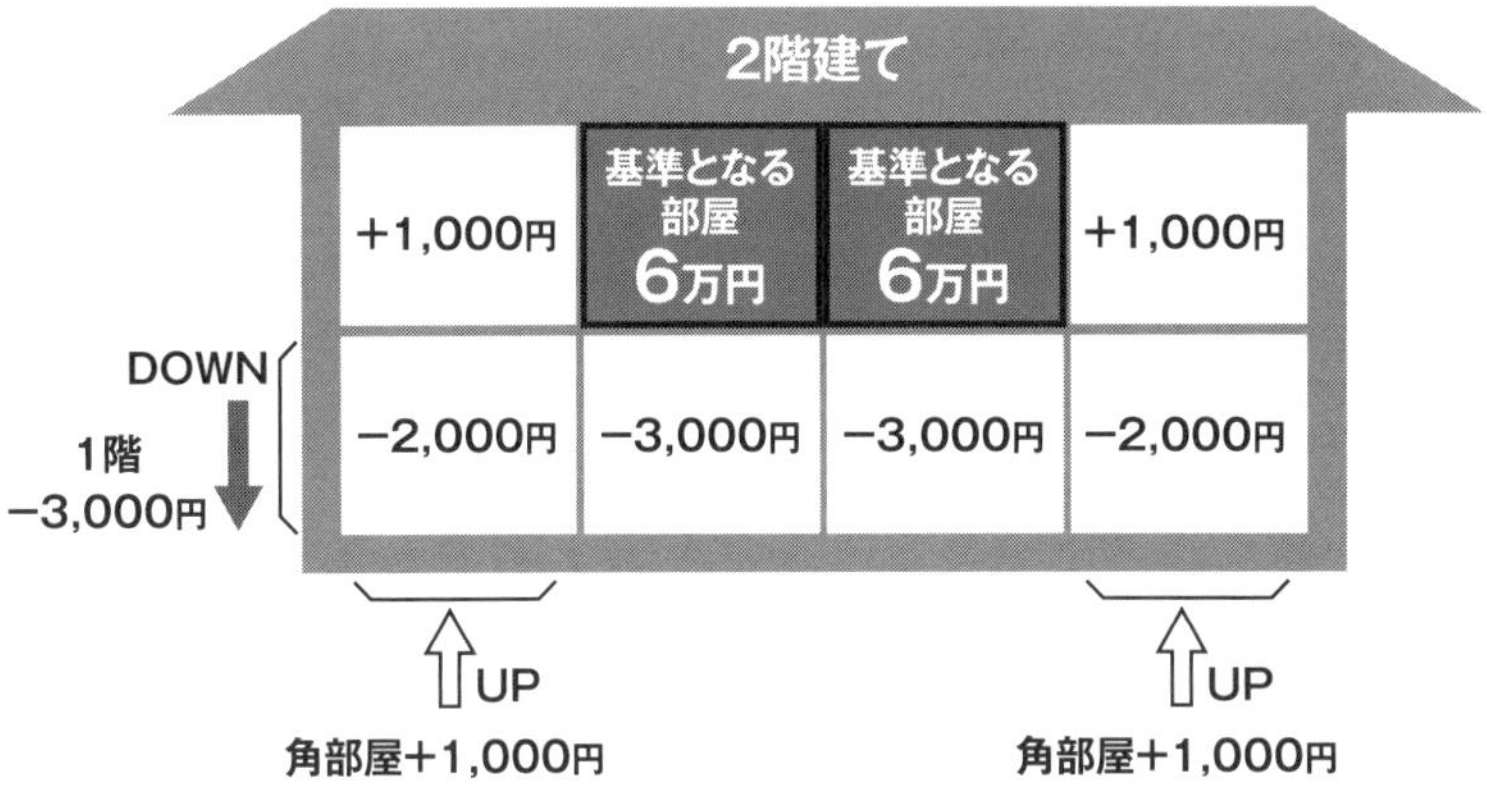

3階建てなら 角部屋のメリットを大きく活かせ（+3,000円）の得

もし2階建てなら 1階の家賃設定がひびき（−8,000円）のロス

穴場の間取りを美味しく料理できる3階建てのヒミツ

駅徒歩15分以内がアパートの目安

そもそもアパートは、どういった場所に建てるのがふさわしいでしょうか。

駅から徒歩3分以内程度の、いわゆる駅近と呼ばれるエリアは、都市計画法の区分では商業地域が多いのです。

あなたの近くの、栄えている駅を想像してみてください。駅のすぐそばの商業地域には、どんな建物が建っているでしょうか。商業施設やオフィスビル、高層のマンションばかりではありませんか。このエリアで戸建住宅やアパートを見かけることは、ほとんどありません。商業地域は住む人全体にとって利便性の高い建物が並びます。小規模の住宅は建っていません。もし建てるとしたら、目玉が飛び出るほどの高額になってしまいます。

駅からの距離と建物の関係

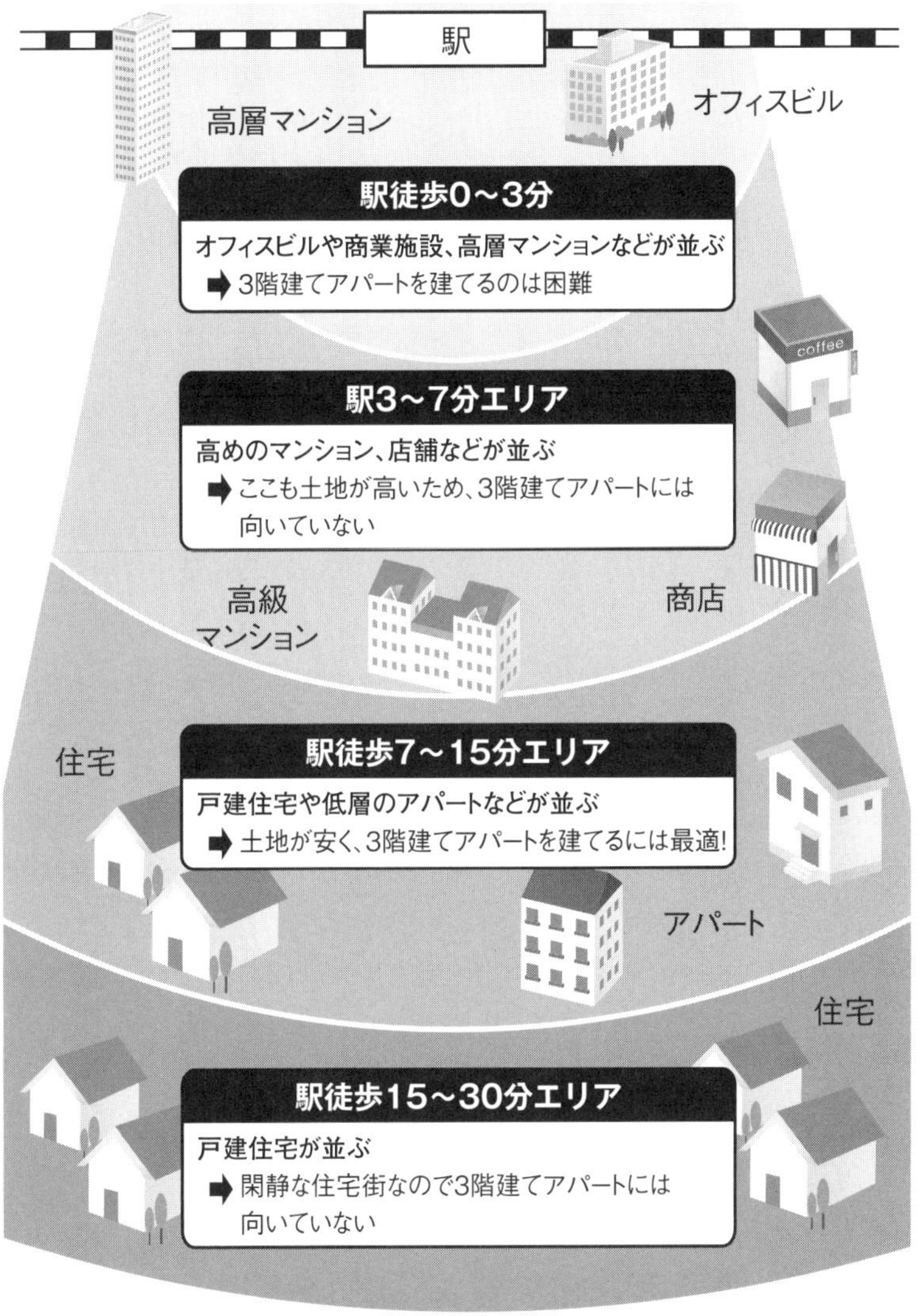

商業地域から少し離れ、駅から徒歩3～7分程度のエリアは近隣商業地域が多くなります。ここも階数が多く背の高いマンションや店舗が建っていることが多いでしょう。

住宅街が広がるのはさらにその外側のエリア、駅徒歩7～15分程度の場所になります。高い建物は都市計画上無理なので、比較的低い建物が並ぶわけです。

このエリアの土地の価格は安く、しかも駅徒歩圏内なので、アパートを建てるのにもっともふさわしい場所となります。

土地によって建てられる大きさは決まっている

徒歩15分程度のエリアでアパートを建てる土地を決めたら、続いて何階建ての建物にするかを考えてみましょう。

ここからまた少し専門的な話になりますが、土地にはそれぞれ建ぺい率と容積率というものが法律で決められていて、建物の面積と高さに制限があります。たとえば建ぺい率が80％で容積率が400％に制限された、100㎡の土地があったとします。

この場合、土地に建てられる建物の面積は80㎡で、建物のすべての階層を合わせた部屋面積の合計は400㎡以内に制限されます。

1フロアが80㎡で、全部で400㎡というのは、5階建てから6階建ての建物です。

この建ぺい率80％で容積率400％というのは、商業地域付近の駅近くの土地に設定されている値です。

では、アパートを建てるのにふさわしいエリアの値はいくつかというと、地域によって異なりますが、おおむね建ぺい率60％で容積率200％ほどになります。

そして、ここからさらにちょっとややこしい話。敷地前面の道路幅が4m以下だと、容積率は160％にまで下げられてしまうのです。販売図面には容積率200％と書かれていても、前面道路の法的規制によって実は160％だった、という土地はよくあります。土地を探すときは、この点を見落とさないよう注意してください。

土地の最大性能を引き出すのが3階建て

私が3階建てを建築するのにふさわしいと考えているのが、この建ぺい率60％で容積率160％の土地です。

建てられる上物に制限があるので、とりわけ価格が安く、入手しやすいのが魅力です。いわば土地の穴場。

実際に１３０㎡の土地があったとして、建物の面積は78㎡で部屋面積の合計は２０８㎡になります。

78㎡すべてが部屋に使われるわけではなく、一部は通路や階段にあてられるので、実際のところは64㎡程度が部屋面積の合計になります。

その土地に3階建てを建てた場合の部屋面積の合計は次のようになります。

64㎡×3階＝１９２㎡

ギリギリ、容積率の制限である２０８㎡以内におさまっています。建築可能です。

これが2階だとどうでしょうか。

64㎡×2階＝１２８㎡

80㎡も容積に余裕が出てしまいます。これは、土地を十分に活かしきれず、空間を無駄にしていることを意味しています。

せっかくもっと高い家賃収入を見込める建物が建てられるにもかかわらず、2階建てアパートを建てている。

3階建てで土地をムダなく使い切る

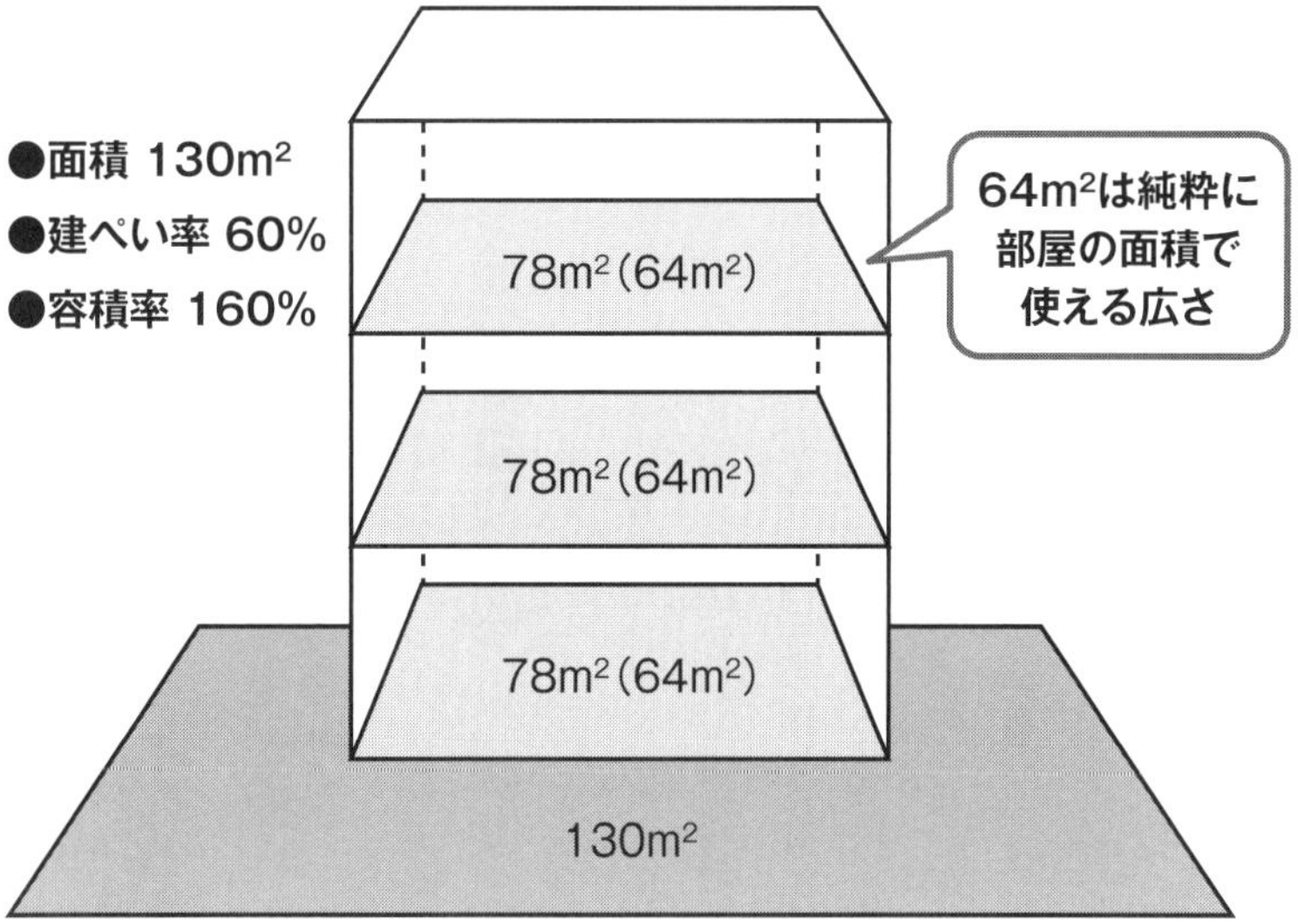

そういった土地が、駅徒歩15分以内にたくさんあります。非常にもったいない話です。

無駄なく空間を使い切っている3階建ては、土地の持っている性能をフルに活かし、投資効率を最大限に引き上げている建物ということです。

ほかにも新築・木造・3階建てアパートは、建物の絶対高さの制限や道路斜線制限など、制限が厳しい土地のさまざまな法的規制にぴったり収めることができています。

安い穴場の土地を美味しく料理できるのが3階建てなのです。

見た目良し、しかも安全性良しの物件を手に入れる

グレード感で際立たせる

１３１ページの写真を見ていただければわかると思いますが、３階建てアパートは見た目に高級感があります。マンション風の外観はたくさんの人の目を引き、入居者を集める強力な要因のひとつになってくれています。

対する2階建てアパートの外観は大体が決まりきっていて、エントランスはなく、外側に階段が付いており、全体がオープン。かっこよさやスマートさはなく、特に女性にとっては好んで住むタイプの外観ではありません。

見た目の良さでは、明らかに3階建てアパートのほうが勝っています。

見た目の良さを引き出しているもの

見た目の高級感を演出している要素のひとつに、外壁の素材があります。

サイディングという外壁材で、2階建ては14mm以上、3階建ては16mm以上を使用することが、建物の耐火性能上、法律で定められているのです。

この**2mmの差が、建物の耐火性能だけでなく、見た目の重厚さにも大きな差を生んでいます**。サイディングはミリ数が大きいほど値段も上がります。

アパートというのは基本、高級感などの見た目よりも収益性を重んじるため、外装にあえて高いものは使いません。そこで一般の2階建てアパートは、ほとんど14mmサイディングを使っています。

しかし実際に目で見るとわかるのですが、14mmと16mmの質感の差は歴然です。

入居者に長く住んでもらうためには、見た目の良さはとても重要です。愛着を持って住んでもらえるアパートを建てることが、オーナーに高い収益性をもたらしてくれると私は考えています。質感を重視した見た目の良いマンション風の建物で他の物件と差をつける。そういう意味でも、16mmサイディングの3階建てアパートはお勧めです。

防災防犯にも優れる

安全性でも3階建てアパートのほうが勝っている点は多くあります。

今述べたように2階建てアパートはオープンな構造なので、誰でも容易に部屋の前まで行くことができてしまいます。防犯対策は万全とは言えません。

2階建てアパートでもオートロックにすることは可能ですが、導入にともなうコストロスが大きく、なるべくローコストでアパートを建てたいオーナーには採用しにくいものとなっています。

対して3階建てアパートは、先にも解説したような3階建てであるが故の外壁（見た目）の重厚感などから、オートロックやモニターフォンなどの防犯設備を導入しても何ら違和感はありません。また建築時の確認申請では、地震や火災に対する構造計算が必要となり、第三者機関による厳しい審査が入ります。この審査を乗り越えて建った3階建てアパートは、耐震性に優れた建物であることを意味します。

つまり、2階建てに比べて3階建てのほうが、地震や火災に対するリスクが抑えられていて、入居希望者にとっての安心材料につながるということです。

3階建ては
ワンランク上の
木造アパート

外壁に16mmのサイディングを採用することで、耐火性能という機能性に加え、見た目のグレード感も上がる

建物全体に重厚感があるため、オートロックなど防犯設備を違和感なく設置でき、他のアパートと差別化が可能

新築・木造・3階建てアパートのデメリットってあるの？

デメリット要素は対策を

ここまで新築・木造・3階建てアパートの良いところばかりを挙げてきていますが、もちろんほかの建物に比べて劣っているところもあります。ここでは新築・木造・3階建てアパートの抱えているデメリットについても触れておきましょう。これらデメリットは事前に把握し準備・対策しておくことが可能ですので、参考にしてください。

【音漏れのトラブルが起こりやすい】

音の問題はどんな建物であっても起こりうるものですが、木造建築ではとくにトラブルになりやすいものです。標準仕様の木造では、残念ながらほかの建物に比べて防音性は低いでしょう。

私の会社では防音対策としてサウンドカットとスーパーハードの二重張りという、防音のための緩衝材を挟み込む工法を施しています。さらに防振吊り木という階下に振動を伝えづらくする装置も組み込んでいます。これらの対策によって防音効果は十分に発揮され、防音に関する苦情は格段に減ってきています。

入居者のマナーにも配慮しなければいけません。騒音トラブルの原因のほとんどが入居者のマナー違反によるものです。これは木造だけでなく鉄骨造やRC造の建物でもよくあるトラブルです。これらに効果的なのは入居者へのマナー指導を徹底することです。

管理会社と協力して、入居者のマナーを一定以上の水準に保つように工夫することで、騒音トラブルをできる限り回避しましょう。

【定期的なメンテナンスが必要】

将来的にかかるメンテナンスのひとつに、シロアリ対策があります。シロアリというのはある限定されたエリアだけにつきまとう話であって、出てこないところはまったく出てきません。なので実際のところ、対策にかかる費用はわずかなものと見ていいでしょう。

そのほかにも、建物というのは定期メンテナンスが必要です。水回りの設備を整えたり、劣化した部分の補修はその都度行います。ただこれらに関しては、費用面で鉄骨造やＲＣ造とさほど違いはありません。木造のために余計にかかってしまう出費というのは、シロアリ対策程度と考えても問題はないでしょう。

【完成までの期間が長い】

木造３階建ての場合、構造計算にともなう審査をパスしないといけない、というのはすでに触れました。２階建てに比べて安全面に対する法的規制が厳しくなるためです。

この審査期間があるため、工事開始までに時間が少々かかります。また工事自体も、２階建てより１カ月程度長くなります。

とはいえその分見た目や住みやすさにこだわりを持たせられるので、２階建てよりも入居者を獲得しやすい傾向にあります。鉄骨造やＲＣ造よりも家賃は安価なので、入居者にとって選びやすい住居であることは、これまでもご説明した通りです。

長く時間をかけたほうが、将来の安定した収益につながると考えるならば、この期間の長さは大きなデメリットとはならないかもしれません。

【4階建てにできない・土地が限られている】

厳密には4階建ての木造建築は可能です。しかしコストが膨らんでしまい、安価な資材である木造の強みが薄れてしまうので、あえて4階以上の建物にする必要性はないというのが私の考えです。

戦略として、容積率160％の土地を狙う、というのはすでにお話ししました。新築・木造・3階建てアパートというのは、ある特定のエリアに絞ったときに、ほかとは比べものにならないくらい優れた回収効率が達成できる建物です。非常に限定性が強いことになります。たとえば、容積率300％の土地には向いていません。容積率が活かしきれておらず、もっと収益を高く出せる建物があるからです。ですから新築・木造・3階建てアパートを建てるなら、まずは3階建てにふさわしい土地探しをしなければいけません。

これにはそれなりの労力が必要になるでしょう。いわば早い者勝ちなので、買おうか迷っているうちに売れてしまうこともあります。弊社では事前にそういった土地を自社で押さえ、お客さまにご紹介するという方法をとっています。こういった、土地の入札競争に強いパートナーがいることで、限定エリアでしか大きな収益を達成できない新築・木造・3階建てアパートのデメリットを克服することができます。

大手が参入しない物件だからこそ勝負ができる

新築・木造・3階建てアパートを建てられる会社は限られている

入居率が高く、安定した収益をもたらしてくれる新築・木造・3階建てアパートは、オーナーにとって優れた投資物件です。

しかし、それでもまだニッチな商品で、大手が参入してくる気配はありません。大手はどこも2階建てアパートを量産し続けています。

「新築・木造・3階建てアパートは、こんなに良いことずくめなのに、なぜ?」と思うでしょう。大手が参入しないのには理由があります。

まず大きな理由が、**3階建てアパート建築には専門的な知識が必要であることです。**

構造計算から始まり、各所に届け出を出し、避難経路確保の問題や、近隣への説明などなど、越えなければいけないハードルがいくつもあります。

生半可な知識ではなし得ないのが木造・3階建てアパートなのです。

その点、2階建てアパートの法的規制は優しい部類です。構造計算は義務づけられていませんし、近隣への説明も基本的には必要がありません。

安易に量産できる点が、2階建てアパートの強みになります。もちろん大手建設会社も3階建てアパートを建てることはできます。しかしながら、後述するように建築する際の手間やコストを考えると、効率の良い2階建てに力を入れるのは当然のことです。

ただ、いくら量産といっても、土地には限りがあります。よって2階建てアパート建築事業はこれから先、より地方へと対象範囲が広がっていきます。そうまでして大手建設会社は利益を追っていくのです。

しかし、**不動産投資物件として見た場合、地方の2階建てアパートが入居に苦戦することは明らかです**。最初は新築のため経営が順調であったとしても、周りに次々とアパートが建っていきます。結果、建物が古くなるにつれ、見向きもされなくなってしまうことでしょう。

オーナーの立場で考えれば、2階建てアパート経営は大きなリスクとなる可能性が大きいことになります。そのため私の会社では、3階建てアパートを建てる土地はより都心へと向ける姿勢を貫いています。これは入居率を高く保ち、オーナーにとって安定した収入源となってくれるようにするためです。また、弊社では、最適な土地探しから、各種申請や近隣説明といったさまざまな業務、建築やその後の管理まで、専門知識を持ったスタッフがすべてを担っています。

さまざまな課題をクリアしたからこそ、得られる見返りも大きくなる。それが新築・木造・3階建てアパートなのです。

工期が短いメリットより、長期的な収益を取る

もうひとつの大手が参入してこない理由は、効率の悪さです。

といっても回収効率といった投資側の話ではなく、建築会社から見たスピード効率の話になります。新築・木造・3階建てアパートは、完成までの期間が長い、というのはデメリットのところでもお伝えしました。ここが大手にとってネックとなっています。

実際の期間を見てみましょう。

新築・木造・3階建てアパートの場合、図面の作成や各種確認申請と取得、さらに近隣への説明で4カ月の期間を要します。そこからようやく着工となり、無事に完成するまでおおよそ5カ月。全部で9カ月程度かかるのです。

これが2階建てとなると、申請などの手間は少ないため、着工まで2カ月ほどで済みます。工期はおおよそ5カ月。トータルで7カ月程度です。

3階建てアパートがようやく1棟完成する9カ月の間に、2階建てアパートはすでに1棟が完了、その後すぐに2棟目にも着手したならば、工事は半ば近くまで進んでいます。

2階建てと3階建ての建築効率には歴然とした差が生じています。

建築会社がもっとも重要視するのは売上です。どれだけ工期を詰めて、どれだけ無駄を省けるか。スピード感のある建築を行い利益を追求していくことが課題になっています。

よって1年ほどで2棟建てられる2階建てアパートが、大手にとって最大の効率をもたらしてくれる選択肢となっています。つまり、スピード面で効率の悪い3階建てアパートに大手がわざわざ参入する理由などないのです。

3階建てアパートの求める効率はオーナーの立場に立った収益性です。高い入居率を達成し、土地を最大限に活かした建物で、オーナーに最大限の家賃収入がもたらされることを主目的とします。

オーナーの資金が潤沢になったら、２棟目、３棟目とさらにステップアップしていく。というように、良い循環を生み出すことができます。

工期が長いというリスクを、長期的な収益で埋め合わせているのです。

これは建築と管理両方を請け負っている会社だからこそ、できることと言えるのかもしれません。

4章

初心者でも安心な新築・木造・3階建てアパート経営の始め方

まずは優秀なパートナー探しから始めよう

失敗してはいけないパートナー選び

アパート経営で高収益を出すには、良質な物件を発掘することが不可欠。しかし本業が忙しく不動産投資経験の浅いサラリーマン大家にとっては、そういった物件を見つけ出すためのアイデアや時間はありません。

そこで重要な存在となってくるのが、代わりに土地の候補を絞り込んだり、融資に関する適切なアドバイスをしたり、建築や入居者管理に関してのマネジメントを行ってくれるパートナー会社です。

つまり、サラリーマン大家のアパート経営は、優秀なパートナー会社を探すことから始まります。

パートナーの選択を間違えてはいけません。ここで失敗すると、入居者の集まらないアパートを所有する羽目になり、返済に追われて利益の出せない経営を強いられる危険性まで背負い込むことになります。

パートナー会社には大きく次のタイプがあります。

自社新築アパート専門会社
仲介アパート専門会社
一般の不動産会社
一般の管理会社

自社新築アパート専門会社はその名の通り、新築アパートだけに特化した不動産会社。アパート建築に関する専門的なノウハウを持っていて、最適な土地選びやコストを抑えた建築が提案できる点が強みです。

私のところもこの自社新築アパート専門会社に分類されます。弊社の特徴として、新築・木造・3階建てアパートに特化していることが挙げられます。ちなみに、新築・木造・3

階建てアパートに最適な土地を見つけたら、自社で即購入し、押さえています。

さらに、自社新築アパート専門会社は、図面作成や各種申請、建築、融資のサポート、入居者管理まで、パートナーとしてあらゆる業務をサポートします。これにより余計な仲介コストをカットし、スピーディーなアパート経営が実現できます。これらが自社新築アパート専門会社の良さでしょう。

仲介アパート専門会社は多くが中古物件の販売を行っています。仲介会社なのでたくさんの物件を持っていますが、仲介手数料がかかる点には注意しましょう。実質利回りは下がります。

一般の不動産会社や管理会社は、多岐にわたって携わっている業務のひとつとして、不動産を販売しています。

たとえば取引先のオーナーから土地を売りたいという相談を受けたときや、自社で購入した土地に新築アパートを建てたときなど、特別な機会で広告を打ち出すことが多いようです。専門店に比べて、知識やノウハウの足りない部分が大きいので、頼りない印象は拭えません。

長期的に付き合えるパートナーがおすすめ

どのパートナーを選ぶかは、オーナーの目的によって決まります。

2棟目と3棟目と、将来的に棟数を増やす予定なのであれば、アパート専門会社と付き合っていくことをおすすめします。物件数に乏しい一般の不動産会社や管理会社では複数棟での事業展開をすることは難しいでしょう。

警戒したいのは、物件を売ってハイ終わり、といったスタイルの会社です。

アパート建築後の管理まで責任を持って担当してくれるような、頼もしいパートナーを見つけることが、安定収入を得られるサラリーマン大家への第一歩となります。

良いパートナーかどうかは3つの質問でわかる

パートナーの善し悪しを見極めるポイント

パートナー候補をいくつか絞り込めたら、次は実際にパートナー会社と話をしてみてください。

投資とはいえ、人と人との商売ですから、フィーリングは大事です。良い印象を抱けなかった会社とは付き合わないほうがいいでしょう。

そこで、ここでは信頼の置けそうなパートナーを選りすぐるための、パートナー候補に投げかけたい効果的な質問を3つご紹介します。

質問1　「年間に何棟アパートを建てていますか？」

まずは不動産の販売を行っている会社への質問です。不動産投資にどれだけ携わっているかを尋ねてみましょう。

年間一桁と言われたら心許ないですよね。ノウハウが確立されているかも疑わしいですが、それ以上に懸念すべきなのは、年間数棟しかやっていないということは、自分に回ってくる物件の数も少ないという点です。

今後棟数を増やしていこうという目標を持っているサラリーマン大家にとっては、棟数をこなしていない会社は選ぶべきではないということになります。

ちなみに「年間で50棟程度のアパートを建てている」というのが、ひとつの目安になると思います。

質問2「入居率はどのくらいですか?」

続いては管理業務を請け負っている会社への質問です。

収益を左右する最大の要因は入居率。これは本書の中でも何度も書いていることです。

入居率を尋ねられて「うーん、95%くらいですかねえ」というアバウトな数字しか答えられないところや、「ちょっとわからないです」とごまかされてしまうところは、正直信用できません。

自社の入居率を知らない、もしくは公表しないというのは、つまり入居率を上げる努力を普段から意識していないということ。そんな会社をパートナーに選んでしまっては、たいへんなことになってしまいます。

正確な入居率を速やかに答えられる会社こそが、パートナーにふさわしいのです。

質問3「入居促進費の使い道は？」

こちらも管理会社への質問で、ちょっと意地悪なものかもしれません。しかし、オーナーが投げかけるべき当然の質問でもあります。

入居者を集めるためには広告を打ち出すための費用が必要で、オーナーが負担します。このいわゆる入居促進費が、管理会社でどのように使われるのかは知りたいところです。きっちりとお金の動きを開示してくれない会社は、警戒しましょう。

オーナーが払う入居促進費の一部は、管理会社の利益分になります。これはごく自然のことですが、より利益を絞り取ろうと目論む会社は、自社だけで入居者を集めようとします。こういった管理会社は入居者が入るまでの期間が長くなりがちで、部屋が埋まりにくい

（満室になりにくい）傾向にあり、収益的にも目減りしてしまいます。

いずれにしても、説明不足の会社は信用しないほうがいいでしょう。

入居促進費に関する具体的なお金の動き方の例については、後の項目で詳しくご説明しますので、そちらも参考にしてください。

以上の3つの質問は、早い段階でパートナー候補に投げかけておきたいものです。

オーナーが評価するべきは彼らの実績と熱意です。こちらの問いかけに真正面からはっきりと答えられない会社は、パートナー候補から外してしまいましょう。

知っておきたい入居者獲得のポイント

入居者の集め方はいろいろ

入居促進費の話題が出たので、ここで入居者募集時の管理会社とオーナー間の関係、実際のお金の動きについて知識を深めておきましょう。

家賃収入を得るオーナーとしてアパート経営をスタートさせるなら、まずは入居者を集めなければいけません。基本、オーナーは契約している管理会社に委託して、入居促進を行います。

さて、管理会社はどのようにして入居者を集めるのか。

まずは一般的で昔から行われている、管理会社による入居促進の方法について説明しましょう。

管理会社で済ませる場合

まずオーナーは管理会社に、入居促進費として家賃1カ月分のお金を払います。

このお金を元にして管理会社は入居者集めの広告活動を行い、無事に入居が決まると、今度は入居者が管理会社へ仲介手数料として家賃1カ月分を払います。

つまり、契約を成立させた管理会社は、オーナーと入居者からそれぞれ1カ月分ずつ、計2カ月分の収益を得ることになります。

これがもっともオーソドックス。**オーナーにとっても無理なく経営できる支出となっています。**

リーシング専門の会社に依頼する場合

とはいえ、管理会社の入居促進活動だけでは入居が決まらないこともあります。

そこでより広く物件情報を露出していくことになるのですが、このときに登場するのがリーシング会社です。

リーシング会社は、物件管理とは別に、仲介だけを専門とした、営業力に秀でた部門を持つ会社です。

リーシング会社に依頼する場合のお金の流れは以下の通りです。

入居がつかなかった次の段階として、オーナーはさらに1カ月分の入居促進費を捻出し管理会社へ託します。管理会社はこれを元手に、リーシング会社に依頼します。

リーシング会社の営業活動のおかげで無事に入居者が決まると、管理会社からリーシング会社へと仲介手数料1カ月分が払われます。

さらに入居者からも、仲介手数料がリーシング会社へ払われます。1カ月分が相場になっています。

まとめると、入居者が払う仲介手数料は1カ月分で先ほどと変わりません。

しかし、オーナーは管理会社とリーシング会社へ1カ月分ずつ、合計で2カ月分の出費をすることになります。

結果、管理会社が1カ月分、リーシング会社は2カ月分の収益を得ることになるのです。

２カ月分ともなると、オーナーにとっては大きな支出です。できれば管理会社の入居促進だけで入居者を見つけたいところですが、１カ月以上も空室のままだと焦りが出てきます。空室の間、その部屋分の家賃は入ってこないのですから。

速やかに部屋を埋めたいのなら、リーシング会社の力は借りるべきでしょう。

販売会社と管理会社が同じ場合

最後に、販売と管理を手がける不動産会社の入居促進時のお金の流れを見ていきましょう。ちなみに弊社もこのスタイルです。

まず、オーナーが入居促進費１カ月分を出すことに変わりはありません。

ここからが従来と異なっていて、入居促進費を受け取った不動産会社は即座に複数のリーシング会社へ入居活動を依頼します。

このメリットは明らかで、**自社（１社）だけで行うよりも、複数の会社で行ったほうが入居者獲得のスピードが段違いに速い**からです。これはオーナーにとっては嬉しいことでしょう。

無事に入居者が決まったら、不動産会社からリーシング会社へ仲介手数料1カ月分を払います。同様に、入居者からもリーシング会社へ仲介手数料1カ月分が払われます。

この流れでポイントとなるのは、入居者募集業務では不動産会社にお金が入っていない点です。オーナーからいただいた入居促進費を、中抜きせずそのままリーシング会社へ送っていることになります。

オーナーにとっては1カ月分という最低限の出費で、短期間で部屋を埋められるメリットがあります。

しかし、ここで疑問がわいてくるでしょう。

お金を素通りさせてしまっている不動産会社は、どうやって儲けを出しているのか。

理由は簡単で、建築と管理の両方を担うことで利益を出しているからです。建築業務で利益を得ている分、管理業務では大きな収益を目的とはしていないのです。入居者募集時は、できるだけオーナーにかかる負担が少なく済むようなシステムがベストです。

弊社もそうですが、建築と管理を一緒に行っている不動産会社や、不動産投資ファンドでもこのような方式をとっているところはあります。

サラリーマン大家にとって、ベストなリーシング形態と言えるでしょう。

リーシングの3つのパターン

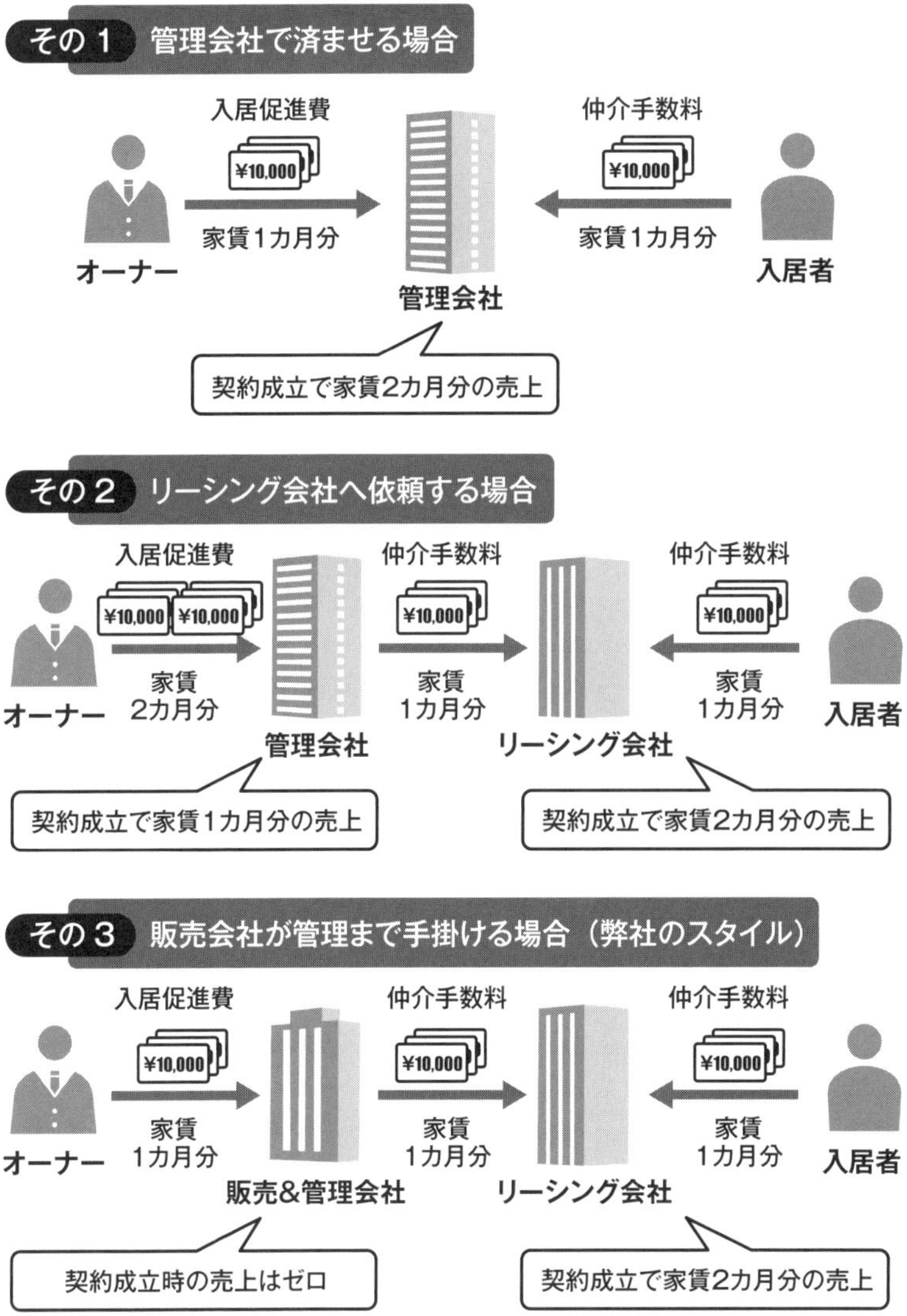

初心者にはファミリー向けより単身者向けが良い

ターゲットに響くアパートを造る

アパート経営を始めようとなったとき、必ずしておくべきことがターゲット設定です。苦労してアパートを建てたとしても、そのエリアに自分が設定しているターゲットがいなければ、いつまで経っても満室にはなりません。

ターゲット設定を間違えてしまうと経営に支障が出てしまうことになります。どんな間取りにするかを決めるためにも、必ずターゲットは絞り込んでおきましょう。

まずは大きく、**ファミリー層か単身者層、どちらにターゲットを置くかで、アパート経営の手法は異なってきます。**

どちらが投資として優れているかを決めるのは難しいです。それぞれに良い点、悪い点があるので、まずはそれらについて確認していきましょう。

節税効果が高いファミリー向けアパート

ファミリー向けのアパートは、大きな間取りを確保することが必須になります。これにはひとつメリットがあって、1部屋40㎡以上からは取得時の税金が安くなります。節税の効果は期待できるでしょう。

また、ファミリーは家を購入するまで住んでくれるパターンが多いので、一度入居してくれると契約期間は長い傾向があります。安定した家賃収入が見込める点は評価できます。

ここからはデメリットの話になりますが、比較的広い土地が必要となってくる点は無視できません。

1部屋ごとの間取りが大きい上に、多くのファミリーが駐車場を望みます。エリアによっては、ご主人と奥様1台ずつ、計2台の駐車スペースが必要といったところもあります。

したがって、土地には相応の額をかけないといけないことになります。

ここでオーナーにとって大きなデメリットとなるのが、駐車場などの外構工事は積算評価法で見て価値がないという点です。つまり融資の評価対象として見てもらえないのです。広い駐車場を用意し舗装までして、ついでに花壇まで作って外観を良くしても、これらはすべて積算評価法の対象として見てもらえません。銀行が評価するのは、あくまで建物と土地の価値だけです。

事業として見ると、資産価値のないものにお金をかけていることになります。融資の評価対象外が多い点は、サラリーマン大家にとっては厳しいものです。

以上のことから、ファミリー向けのアパートは、融資を受けて行う経営には不向きで、すでに土地を持っている人が、節税も兼ねてやるのがベターと言えます。

また、子どもを持つ家庭は木造を敬遠します。なぜなら走ったり大声をあげたりと、何かと近隣に不便をかけることが多いからです。住んだとしても、騒音のトラブル発生で即座に退去、ということもあり得ます。ファミリーと木造は、すこぶる相性が悪いのです。ファミリー向けで経営するなら鉄骨造やRC造でやるのが得策でしょう。

また、**ファミリー向けアパートは家賃もネックになりやすいです**。

単身者と違い、ファミリーは将来的に一戸建てやマンションを購入する予定の人たちが多い傾向にあります。ですから、住宅ローンの月々の支払いよりも高い部屋には住んでくれません。この点から、家賃設定の上限は思いのほか低くなります。

経営しようとしているエリア付近で、分譲マンションが賃貸に出ていたら強敵です。

分譲マンションが賃貸に出る経緯は、たとえばマンションを購入した家庭が転勤することになって、「それなら賃貸に出してローン返済に充てようか」などというケースも多いです。この場合、貸す側は事業として儲けを出す発想をしているわけではありません。

したがって、家賃をローン返済額と同じくらいに設定し、利益は上乗せされない場合がほとんどです。

このような物件は、借りる側にはお得な物件で、分譲マンションの賃貸は取り合いになりやすい傾向にあります。投資をする側としては、こういった強力なライバルたちの家賃を踏まえてから、自分の持つ物件の家賃を設定しないといけません。つまり、**広い間取りのわりに高い家賃を取れないというのが、ファミリー向けの懸念材料になります。**

融資を受けやすい単身者向けアパート

続いて単身者向けアパートになりますが、小さい土地でも経営できる点が第一のメリットです。

地方の場合は駐車場が必要でしょうが、大都市圏周辺の駅から徒歩15分圏内であれば、基本不要です。

実際に弊社で持っているJR千葉駅徒歩12分の15世帯単身者向けアパートは、駐車場を3台設けていますが、なかなか埋まりません。

都市部の単身者の移動手段は基本電車。車を使うとしても余暇くらいで、そのためだけに維持費を払うのはお金の無駄と考えています。

カーシェアといった便利なシステムも今はありますから、単身者の自家用車所有率はこれからも下がっていくでしょう。

駐車場といった外構工事が要らないということは、建物と土地だけで勝負できるということ。**積算価格が出やすく、単身者向けアパートは融資に最適ということになります。**

デメリットとして、ファミリー向けとは対照的に入れ替わりが多い点がまず挙げられます。就職や転職、結婚などで空くことはしばしば。そのたびに新しい入居者を探さねばいけないので、入居促進費やクリーニング等のコストはつきまといます。

またターゲットとする単身者の質によっては、家賃滞納のリスクも考慮しないといけま

ファミリー向け賃貸と単身者向け賃貸の比較

ターゲット	メリット	デメリット
ファミリー向け	・節税効果が高い ・長期間住んでくれる	・広い土地が必要（駐車場など） ・木造は避けられがち ・家賃設定の上限が低め ・修繕費が高い
単身者向け	・狭い土地でもOK ・積算価格が出やすい ・修繕費が安い	・入れ替わりが多い ・家賃滞納のリスクが高め

せん。基本、家賃の低いアパートほど、家賃滞納者が出てくる傾向にあります。お金に余裕がないから安い部屋を借りているケースが多く、そういったお金絡みのトラブルが発生しやすいのも仕方のない話です。

このように、ファミリー向けと単身者向け、それぞれにメリットとデメリットがあります。

本書は融資を受けて返済しながら収入を得る、サラリーマン大家に向けて書いている不動産投資本です。ですから結論として、不動産経営するなら単身者向けアパート、ということになります。

単身者でも「どんな人か」をさらに絞り込む

3階建てアパートに住む単身者の年収幅

単身者向けのアパート経営に向けて、さらにターゲット層の絞り込みをしていきましょう。これは前の項目で挙げた、家賃滞納のリスクがあるとか、入れ替わりが激しいといったデメリットを消していくためにも重要です。

まず家賃滞納のリスク。これは家賃を高く設定できる新築・木造・3階建てアパート経営ではあまり問題にはなりません。家賃を滞納してしまうのは、比較的お金に余裕のない人が多いですから、賃貸もできるだけ安いところと契約しようとします。そういった層は自然と、もっとも家賃の安い2階建てアパートを選びがちです。

では新築・木造・3階建てアパートに住む人たちは、どのくらいの年収なのでしょうか。

ターゲットを絞り込むため、実際に算出していきましょう。たとえば、首都圏周辺の場合、新築・木造・3階建てアパートの家賃は6万円前後が多くなっています。よく「家賃は所得の3割くらいが限度」といわれますから、その法則に従ってターゲットの年収を割り出しましょう。家賃は6万5000円とします。

年収＝6万5000円×12÷0・3＝260万円

年収260万円。この額で家賃6万5000円の部屋に住んでいる人は確かにいます。ただ、かなり我慢の生活を強いられているはずですし、貯蓄のない人が多いでしょう。病気やケガといった不測の事態に見舞われると、家賃の支払いに行き詰まり、突然の退去となったり、最悪家賃滞納のおそれもあります。

3割というのは実は一昔前の話でして、実際のところ、所得の25％が妥当と言われています。では、再度年収を算出してみましょう。

年収＝6万5000円×12÷0・25＝312万円

新築・木造・３階建てアパートを経営する上で、オーナーが狙いたいのはこの層です。平均して３５０万円くらい。**３００万円から高くても４５０万円の間がもっとも狙いたいターゲットゾーンとなります**。弊社が管理している物件の入居者も、多くがこの年収幅に入っています。これはあくまで平均なので、これより上の年収の方も住んでいます。

ただ高年収の入居者には懸念材料があります。**６００万円、８００万円と、上に行けば行くほど、家賃が高くなったとしても、よりいい部屋や、職場や駅に近い部屋に住まいを変えていく思考なので、退去が早く定着しないことが考えられる**のです。

単身者で長く入居してくれる層とは？

年収３００万円から４５０万円にかけてがベストなターゲットとして、その年収層に位置するのはどのような年代で、どういった属性の人たちでしょうか。

私のところで管理しているアパートの入居者には、新入社員や若手社員が多く、30代半ばまでがボリュームゾーンです。

それより上になると所得が増えるため、よりいい部屋に引っ越す傾向にあります。また結婚を経てワンルームを選択肢から外す人もいます。

学生さんもわりといます。親の仕送りプラス、アルバイトでこの所得に合致している方々なのだと思います。ちなみに男女比は、私の会社の場合でいうと、ほとんど差はありません。オートロック式で安全面も徹底しているので、女性にも好まれています。

極論を言っておくと、**オーナーにとってもっともありがたいのは20代後半から30代半ばの層**です。仕事が落ちついてきたこの年代の入居者は転職の可能性が低く、長く入居してくれます。この層なら、「単身者向けアパートは入れ替わりが激しい」というデメリットを解消してくれるのです。また家で騒いだりすることもなく、平日は帰ったら寝て翌朝仕事へ行くという生活スタイルですし、休みの日はゆったりくつろぐか外出しています。騒音トラブルとはほぼ無縁です。オーナーにとって理想の入居者と言えるでしょう。

年収は３００万円から４５０万円。年代は20代後半から30代半ば。男女は問わず。これが理想のターゲットです。

以上を踏まえて、想定した理想のターゲットに響く物件とはどういうものかを追究していくことが、アパート経営で安定して収益を手にするためのコツです。

単身者が好む立地は決まっている

より好条件の立地に建てよう

ここではターゲットとしている単身者に好まれやすい立地の条件についてまとめていきます。

すべてを満たす必要はありませんが、条件に多く当てはまっている立地のほうがより稼げる立地となります。同じような価格と形の土地があって、どちらにするべきか迷ったときの判断材料にしてください。

【大都市まで乗り換えなし】

大都市の主要なビジネスエリアから、電車で一本の駅。アパートを建てるにふさわしい土地選びの最優先事項です。単身者がこだわるのはアクセスの良さです。賃貸物件を探すとき、まずは勤務先の沿線から絞り込みをかけるでしょう。ここで候補から漏れてしまわないよう、主要路線沿いでアパート経営をしたいものです。

駅の乗降数も目安として把握しておきましょう。各鉄道会社が公表しているので、インターネットで調べればすぐに分かります。1日の乗降数が平均2万人以上の駅を推奨します。1万人以下の乗降数だと、たとえ主要路線にある駅だとしても入居者の集まりは悪くなってしまいます。

【大都市まで電車で30分】

自宅から勤務先までの移動時間は短いに越したことはありません。多くの人にとっての理想の移動時間は30分程度だそうですが、実際のところは1時間弱という統計が出ています。自宅から最寄り駅までを15分、駅から通勤通学先までを10分程度としたら、電車に乗っている時間は30分とちょっと。

これが単身者に好まれるボーダーラインと考えるべきでしょう。ドアツードアで1時間程度、電車で大都市から30分ほどまでの駅が、単身者に好まれるエリアです。

【駅徒歩15分以内】

駅徒歩何分の物件かは、単身者がもっともこだわる条件のひとつです。平日は毎日家と駅を往復するのですから当然のことですよね。

駅から15分を限界と見ておきましょう。近ければ近いほど理想的ですが、土地の値段もそれに応じて高くなってくるので、予算と相談しての絞り込みが必要です。

ここでもうひとつ大事なこととして憶えておいてほしいのですが、単身者は南向き物件を強く希望することはありません。日中の多くは外で過ごしますし、洗濯物も室内干しや乾燥機などで済ませるので、日当たりへのこだわりが少ないのです。

南向きというだけで土地の値段は高かったりしますが、予算オーバーならこれは候補から外してしまってよいでしょう。南向きにこだわって駅から遠い土地を買うくらいなら、日当たりが悪くても駅から近い立地を選ぶべきです。

【コンビニ・スーパーが近い】

これも定番。単身者にとって24時間営業のコンビニや夜遅くまで開いているスーパーは貴重な存在です。入居者を募る際の強みになるので、できるだけコンビニやスーパーの近くにある立地を選びましょう。

【コインランドリーが近くにある】

単身者は平日、仕事でなかなか洗濯ができません。休みの日は外出したり、できるだけ寝ていたいという人も多いはず。洗濯物はみるみるたまっていきます。

洗濯から乾燥まで短時間で済ませられるコインランドリーは、単身者にはありがたい存在です。近所にコインランドリーがある物件は高評価をつけましょう。

【駐車場が近くにある】

単身者にとって駐車場は重要ではない、とはすでに述べました。

ただ購入する土地に駐車場を造る必要はありませんが、近くにある分には好材料です。

周辺にある場合は強みのひとつにできます。

【治安が良い】

治安は良いに越したことはないですが、あまりに平穏すぎる閑静な住宅街は考えもの。

静かなエリアはファミリー層が多く、住宅が並びます。そこにドカンとアパートを建ててしまうと、近隣トラブルの元になってしまいがちです。単身者にも好まれにくい立地でしょう。もとからアパートが建ち並ぶエリアがもっともふさわしいです。治安が悪い場所は論外。建物を汚されることが多いですし、そもそもそういったエリアで部屋を借りる人は、部屋の使い方が荒かったり、家賃滞納があったりもします。

オーナーにとっていいことがないので、治安の悪い場所は絶対に避けましょう。


【東向きより西向き】

これは入居者を集める際のテクニック的なものになります。東よりも西から日が差し込みやすい土地が有利です。単身者が物件の内見に来るのは大体が昼以降。つまり西日の差している時間帯です。日が差しているほうが室内は明るく、入居希望者の印象がいいので、西向きの物件をお勧めします、というわけです。

実際に体感として、暗い東向きの部屋よりも、明るい西向きの部屋を案内したときのほうが成約率は高くなっています。間取りを決める際も、東向きと西向きどちらでも大丈夫なのであれば後者を選びます。もし迷ったら、西向きを選びましょう。

入居者に好まれる条件をチェック

チェック1
- [ ] 大都市まで出るのに乗り換えがない

チェック2
- [ ] 大都市まで電車で 30 分以内で出られる

チェック3
- [ ] 駅まで徒歩 15 分以内である

チェック4
- [ ] コンビニ・スーパーが近い

チェック5
- [ ] コインランドリーが近くにある

チェック6
- [ ] 駐車場が近くにある

チェック7
- [ ] 周辺の治安が良い

一　賃貸経営は特殊需要を避けて都市部で始める

特殊需要に頼るのは危険

ひとつの需要だけに頼ったアパート経営は、かなりリスクがあります。

たとえば、近辺に工場があり、そこに勤める人たち向けに建てられたアパート。工場が存続している限り、アパートを借りたい人の需要が減ることはないでしょう。しかし、もし工場が閉鎖したら事態は一変します。アパートに住んでいた工場勤務の人たちは一斉退去となり、次の入居者集めをしなければいけなくなるのです。

もう工場は稼働していないのですから、入居率は格段に落ちてしまうでしょう。アパート経営存続の危機に立たされてしまいます。このような、特殊需要に頼ったアパート経営が危険であることを、私は身をもって経験しました。

地方大学頼みで始めたアパート事業

「はじめに」でも触れましたが、今の会社の事業は、特定の大学近辺の土地を買い、学生向けのアパートを建てたことがきっかけでスタートしました。

場所は東京都心から電車で2時間ほどの勝浦。近くに国際武道大学があって、ここに通う学生さんのためにアパートを建ててみたところ、うまく入居者を集めることができました。さらに、この満室になったアパートをある投資家に販売し、大きな利益を出すことができたのです。

商売になると感じた私は、さらにエリアを広げて、いくつもの大学近辺の土地を買い、次々アパートを建てていきました。それらはどれも都心から1時間以上離れた場所にあり、大学という特殊需要がメインの立地でした。

この事業経営が危険だと実感したのは、リーマンショックが起こってからでした。

弊社がターゲットとしていたのは、地方に住んでいて大学進学とともに都会へ出てくる学生さんでした。しかし、リーマンショックの影響で、将来不安や直接的な収入減などの理由から、多くの家庭が、子どもを一人暮らしをさせてまで大学に通わせることをためらい始めたのです。

その結果、入居者集めは大苦戦。地方から学生が出てきてくれなかったら、住んでくれる人はいません。なぜなら学生以外のターゲットの期待できない立地と造りなのですから。

結局、家賃を大幅に下げて入居者を募集することになり、事業計画通りの収益が出せなくなってしまいました。

学生専門のアパートはまさしく特殊需要だけに頼った経営で、大きなリスクをともなっていたというわけです。

今になってみれば、この手痛い経験が、今の私の事業を支えてくれていると感じています。都心部から1時間以内の、学生だけでなく単身者を含めた多くのターゲットに選ばれるような立地と造りを備えたアパートを建てていたら、リーマンショックによる影響も深刻なものにはならなかったはずです。

大都市に近いほど、入居は安定する

この教訓を活かし、サラリーマンの方には、できるだけ都市部（大都市）に近い土地でのアパート経営を勧めています。

複数の場所で経営している有力大家さんであれば、仮にひとつの物件の特殊需要がなくなったとしてもほかで埋め合わせができます。

しかし、**一段一段着実にステップを踏んで収入を増やしていくサラリーマン大家には、ひとつの特殊需要に頼る経営は危険度が高すぎる**のです。

多少土地代が高くついても、リスクを低く見積もれる大都市近辺でまずはアパート経営をスタートさせるべきです。

死活問題となるのは、入居者が集まるかどうか。いつ需要がなくなるかわからない場所ではなく、安定して需要がある場所を選ぶようにしましょう。

入居者に選ばれ続けるために知っておきたい設備の話

入居者思いなオーナーになろう

すでに何度も書いていることですが、アパート経営において最大限の収益を上げる近道は、入居率を高く維持し続けること。これは絶対に忘れてはなりません。

入居率を上げるための工夫はシンプルです。入居希望者がはじめてアパートを訪れたときに気に入ってもらうことがひとつ。そして、実際に住み始めた入居者に嫌がられないことです。入居者に嫌われてしまったら、次回の更新時に退去となってしまうでしょう。下手をすると更新を待たずに退去されてしまうかもしれません。

空室の間は家賃収入が減ってしまうほか、入居促進費を捻出して管理会社に入居希望者を募ってもらわねばなりません。

クリーニングも必要ですし、家賃の見直しをすることにもなります。これらすべて、オーナーのアパート経営にマイナスの影響を与えるわけです。

ですから、**できるだけ今いる入居者に気に入ってもらい、長く住んでもらうことを考えないといけません**。ここでは、入居者に「やっぱりここが最高！」と思ってもらえ、長く選ばれ続けるための方法や設備をご紹介していきます。

【部屋は広く】

これは土地選びやパートナー選びにも通じるところですが、まず何よりも入居者を無視した部屋を造らない意識が鉄則です。

でき上がった図面を見ると、６畳に満たないワンルームが精一杯。そんな土地は選ぶべきではありませんし、そんな間取りしか提案できない不動産会社は信用してはいけません。

都心部の場合は別格です。渋谷駅徒歩5分以内の物件なら、たとえ4畳以下の狭小ワンルームでも入居者は集まるでしょう。大都市から電車で30分くらいの場所に建てるアパートは、できる限り広く、8畳確保できたら最高です。新築・木造・３階建てなら3部屋×3階が基本。同じサイズの土地だと4部屋×2階になってしまう2階建てに比べて、１部屋あたりにとれるスペースは大きくなります。
これを武器にして、入居者が快適に過ごしてくれる広い部屋を提供しましょう。

【共用部をきれいに保つ】

ごみ捨て場や駐輪場、エントランス周りや廊下など、共用部はきれいに保っておきましょう。多くは入居希望者の印象を良くするためですが、すでに入居している方も清潔感や使い心地をいつも気にしています。

廊下の照明が切れたときなどは、すぐに交換できる態勢にしておきたいものです。

ほとんどが管理会社任せでしょうが、たとえば草刈りといったものは費用が必要なので、きちんと管理会社と話を詰めておくべきです。

「満室だからやらなくてもいいや」と野放しにしてはいけません。入居者からクレームがきてからの対応では手遅れ。すでに入居者に嫌われてしまっていると思ってください。

草刈りは最低でもシーズンごとには行いましょう。建物管理費の年間費用としてはおよそ10万円程度。これで空室のリスクを下げられるのなら、決して高くはない出費だと思います。

【たまにチェックしに行く】

共用部がきれいに保たれているか、オーナー自らがアパートを訪れてチェックするのもひとつの手。管理会社がきちんと対応してくれているかを評価する上でも大切なことです。とはいえ、ほかに本業を持つサラリーマン大家にとっては訪問も一苦労ですから、月1回は難しくても、抜き打ちで年4、5回は見に行きたいところです。

よく満室の間はまったく行かず、空室が出ると気になって頻繁にチェックに行くオーナーがいますが、これはまったくの逆。満室のときこそ、最高の状態をキープするためにチェックしておくべきなのです。

【ウェブカメラを置く】

ウェブカメラ設置には、大きくふたつの効果があります。ひとつは、共用部がきれいなままに保たれているかをチェックするのに楽であること。オーナーがわざわざ出向く必要はなくなります。そしてもうひとつは防犯対策。入居者にとっての安心材料につながります。

ネット回線を引かなくてはいけないので通信料が発生してしまいますが、安いプランで契約すれば大きな出費にはなりません。

入居者の安心材料になると思えば、設置に後ろ向きにはならないはずです。

入居者に喜ばれる設備とは?

入居者に喜ばれる設備についても、まとめておきましょう。

●オートロック……防犯対策として代表的なもので、入居者の安心材料としてカメラと並んで一役買ってくれます。女性にとってはとくに嬉しい設備です。

●バス・トイレ別……今やほとんどのアパートの標準装備となっています。独立洗面台があるとさらに満足度が高くなります。

●ウォークインクローゼット……間取りに余裕があれば備えたいところ。かさばる衣服を一カ所にまとめておける利点は大きいです。部屋のスペースを取ってしまうイメージがありますが、その分収納家具を置かなくて済むので、室内がよりすっきり広く使え、入居者に喜ばれます。

入居者が喜ぶ設備 1

●オートロック

セキュリティ効果があるうえ、賃貸アパートとしてのグレード感も高まる。

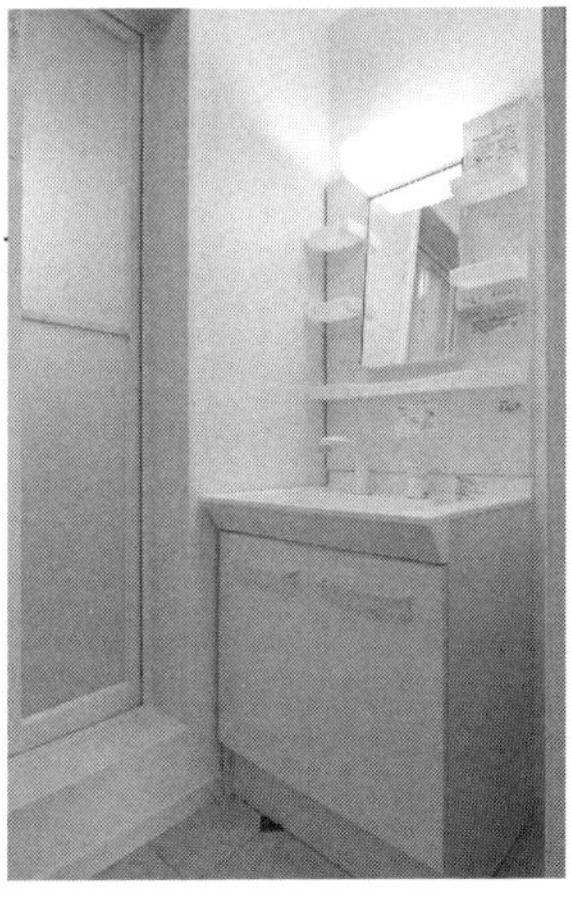

●独立洗面台

シャワーと整水を切り替えることができ、通常より大きめの洗面ボウルがあるものが人気。

●ウォークインクローゼット

収納力豊富なウォークインクローゼットを設けることで、居室を広々と使えるようになる。

●**シューズボックス**……クローゼットと同じ理由で大きめの下駄箱は入居者にとって嬉しい設備と言えるでしょう。玄関に靴が散乱するのを嫌がる人は、たいていシューズラックなどを購入して設置します。

入居者がどうせ買うのであれば、こちらで先に大きいシューズボックスを用意しておいて喜んでもらいましょう。

●**浴室乾燥機&室内壁付物干し**……浴室乾燥機や室内壁付物干しも満足度を高めます。朝早く家を出て夜遅く帰宅する単身者は、防犯面も考慮して室内干しですます人が多いです。効率よく洗濯物が乾かせる設備はたいへん喜ばれます。

●**2口ガスコンロ**……最近は単身者でも自宅で料理をする傾向にあるようで、2口のガスコンロは意外とニーズがあります。今はＩＨのコンロもありますが、こちらは電磁波が心配とか、ガスよりも火が通りにくい印象を持つ人が多く、あまり好まれませんので、無難にガスコンロがいいでしょう。

入居者が喜ぶ設備 2

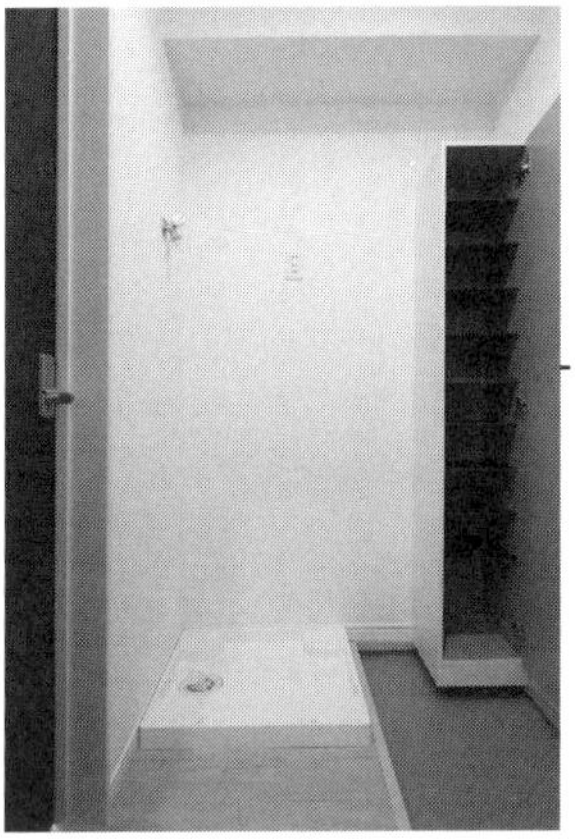

●シューズボックス

棚の高さ調節でブーツも収納できるタイプがおすすめ。玄関周りをすっきりと使える。

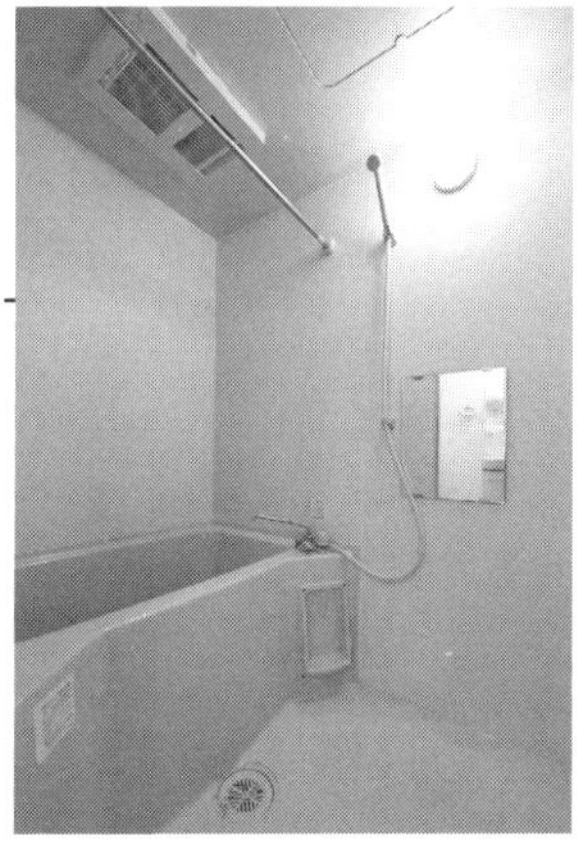

●浴室乾燥機

浴室乾燥機があれば雨の日の洗濯物に困らず便利。暖房機能があれば冬でも快適に入浴可能。

●2口ガスコンロ

上下に豊富な収納スペースを備えるものがおすすめ。ワンランク上の設備で自炊が楽しくなる。

●宅配ボックス……入居者が不在だったときに届いた宅配物を入れておく共用の宅配ボックスも、最近のアパートやマンションでは多くなってきました。

ただ宅配物の受け取りは、時間指定やコンビニ受け取りサービスなどで配達時不在を回避できる時代なので、必ずしも入居者全員が利用する設備というわけではありません。

ただ設置してあると入居希望者が内見に来た際は目に留まる一材料なので、競合物件に差をつける意味で設置を検討してみるのもいいでしょう。

●自動販売機……共用部に自動販売機を設置することも検討してみてください。夜間は機械が明るいことで防犯にも役立ってくれます。

設置はメーカー負担なので基本無料、出費は電気代が月３０００円ほどです。一本売れるごとに少ないですが利益も出ます。

10年後も選ばれる物件にするために便利な設備は先付けで

過剰設備が10年後の主流かも？

前項目では入居者に喜んでもらえる、さまざまな方法や設備を挙げていきました。紹介した設備の中には、オーナーにとっては「過剰設備じゃないか」と思われるようなものもあります。たとえば浴室乾燥機。弊社では標準装備としていますが、電気代がかかるため使わない入居者が多いのでは、とも言われています。

確かに現状は過剰設備かもしれません。

しかし、10年後はどうでしょうか。入居希望者が物件を探すときに、浴室乾燥機が評価の分かれ目になることも考えられるのです。

アパート経営で10年後も20年後も勝ち抜くためには、そういった思考が必要です。

何が主流になるかわからないので、多少コストがかかっても、便利な設備はなるべく付けて経営をスタートさせましょう。

とはいえ、設備を盛り込みすぎて初期投資費用が膨らんでしまうのも考えものです。基本、設備が充実していなくても、新築というだけで最初は入居者が入ってきます。ですから、設備は建築時に付けるのがベストなものを選んでいきましょう。

建築時に組み込んでおきたいものと言えば、先ほどの浴室乾燥機がそうですし、ウォークインクローゼットやシューズボックスといった収納設備もそうです。これらは後からリフォーム時に付けようとすると、かなりコストがかかってしまいます。

逆に**インターネット回線や温水洗浄便座、アクセントクロスといった後付け可能な設備は後回しで問題ありません。これらは築年数を経て入居がつきにくくなった段階で、追加投資することで部屋の価値を高める材料になります。**

これはローコストでアパートを建てる上でもキーポイントとなってきます。

先に付けなければいけない設備は積極的に採用し、後付けでも大丈夫なものは初期投資項目から外して出費を抑えてください。

先付け設備と後付け設備の一覧

先付けする設備	後付けでいい設備
オートロック	温水洗浄便座
ユニットバス・トイレ別	アクセントクロス
浴室乾燥機	インターネット回線
独立洗面台	ウェブカメラ
ウォークインクローゼット	室内壁付け物干し
シューズボックス	
2口ガスコンロ	
宅配ボックス	

10年後も魅力ある物件を目指し、コストアップ覚悟でなるべく新しいものを選ぶことが重要。

年数が経過し、競争力をアップしたいときに付加価値として投入する視点を持っておくと良い。

適正な家賃設定はどう決める？

管理会社の言いなりは危険

不動産投資において、収入の増減を左右するのは家賃です。

家賃の設定は慎重に行わないといけません。もし、相場よりも３０００円安く設定してしまったら、年間で１部屋当たり３万６０００円、本来もらえるはずだった収入が得られないことになります。

家賃は管理会社と一緒に決めていきます。管理会社は基本、周辺の相場をきちんと調べて適正な家賃をオーナーに提案します。

しかし、本音のところを言えば、家賃はオーナーの収入を左右するもので、管理会社の売上には大きな影響を与えません。どちらかと言うと、管理会社は、入居率の高さを維持することに力を注ぎます。とにかく満室状態にすることを目標としますから、管理会社によっては安い家賃を提案してくるところもあります。

ですから、**管理会社に「この金額じゃないと入居はつきません」と言われても、オーナーは「まあそんなものか」と鵜呑みにせず、きちんとその家賃に設定した根拠を尋ねましょう。**

きっちり相場を調べた結果での算出であれば納得するべきですし、根拠を提示できなければ、再度の洗い直しを促すべきです。

弊社の場合は、適正な家賃の幅をオーナーにしっかりお見せします。「やや入居はつきにくいが高めの家賃」から「すぐに入居がつく安い家賃」までを提示し、オーナーと話し合って最終的な家賃を決定しています。

３カ月くらいで満室なら適正家賃

では、そもそも適正家賃とは、どのように決めればいいのでしょうか。

不動産会社によって多少の違いはあるでしょうが、大体の目安として、新築後１カ月目で６～７割程度埋まり、３カ月かけて満室になるくらいの家賃が適正でしょう。

ただ、新築時は競争力が高いので、相場より高めの設定、つまり強気で行くべきです。シーズンによりますが、春先以外で、1カ月目で全部屋入居が決まるのは安い家賃設定だったと見るべきです。

さらに、どの部屋から埋まっていったかを見ることで、家賃設定の高い安いを調べることができます。

もっとも人気がないと考えられる部屋から埋まっていったなら、家賃設定が高かったと考えましょう。

人気のない部屋とは、新築・木造・3階建てアパートの場合は、1階中央の部屋です。ここから真っ先に入居が決まったとしたら、「このアパートに住みたいのだけれども、家賃が高いから、この一番安い部屋に住めばいいや」という心理が入居者に働いたことになります。つまり、相場的には家賃設定が高かったと判断できます。

逆に人気の高い部屋から埋まった場合は、家賃設定が安かったということです。人気の高い部屋とは、上階の角部屋です。

家賃の調整をしていこう

家賃を高く設定しすぎて入居者がなかなか入らなかったら、家賃の見直しをしましょう。適正な家賃にまで落とせば、いずれ部屋は埋まります。

もし安く設定してすぐに満室となったら、すでに契約してしまったことですから家賃を上げることはできません。

しかし、今の入居者が退去した後には家賃を見直せます。

建物は年々古くなるのですから、家賃も下がっていくものです。しかし、最初に安い家賃を設定していたのだとしたら、次も同額の家賃か、むしろ安すぎた場合は少し上げてみても良いでしょう。

家賃が高い場合は、後から下げることが可能です。

なかなか埋まらないというもどかしさはありますが、**安い家賃で埋めて物足りない収入を得るよりは、適正な家賃で経営するほうが、長期的に見てオーナーの利益になります。**

家賃は時価であり、時代背景や時期によって変動します。設定時は経営者の目線で慎重に決めましょう。

効率良くお得な土地を見つける方法

一般層には売れ残りしか回ってこない

いいものはすぐ売れる。これは高額で取引される土地にも言えることです。

ここでは新築・木造・3階建てアパートを建てるのに最適な土地をどうやって手に入れるのかについてお話ししますが、まずは土地物件が売りに出されるまでの流れを把握しておきましょう。

財産整理だったり資金集めだったり、土地を売る理由はさまざまですが、物件を手放すことに決めた売り手はまず、懇意にしている不動産会社や地元で有力な不動産会社に相談します。

この時点で物件が一般的に公開されることはありません。相談を受けた不動産会社は、まず自社で持っているネットワークを駆使して買い手を探します。

不動産会社が自ら売り手と買い手をつなげようと努力するのは、双方から手数料を受け取ることができ、会社にとってもっとも利益になるからです。

とはいえ、いつまでも自社の懐で買い手探しができるわけではありません。1週間経ったら、レインズという不動産取引のコンピュータネットワークシステムに登録しないといけないのです。これは宅地建物取引業法により定められています。

ここでようやく広く公開され、多くの不動産会社の目に触れ、それぞれのネットワークを活かして買い手を探したり、ポータルサイトの掲載などを経て、一般層にも物件情報が届くことになります。

つまり、**一般の方々に回ってくるのは、1週間で売れなかった物件**です。

お得な土地の見極め方

売れずにレインズ掲載に至る理由は、価格が高かったり、立地が悪かったりなどいくつかあるでしょう。売れないのには、それなりの理由があるものです。

しかし、そういった売れ残り物件の中には、住宅や高層のマンションを建てるのには向いていなくても、新築・木造・3階建てアパートの経営をするには最適な土地が混在していることがあります。

それらは比較的安価で手に入れられ、高い利回りを達成できることがあるので、弊社でも日々物件探しには余念がありません。

また、売れ残りとして公開される前に、いち早く物件情報を手にする方法もあります。

それらお得な土地を効率良く見つける方法について、ひとつずつご紹介しましょう。

【北側道路】

道路が南にあるか北にあるかで土地の価格は変わります。

道路が南にある南側道路のほうが、ほかの建物に陽光をさえぎられることが少なく、日当たりを多く確保でき、土地価格は高い傾向にあります。日当たり良好の物件は人気が高いのです。

しかし、これは住宅を建てる場合の話であって、単身者が住むアパートの場合、日中は仕事に出ていることがほとんどですし、洗濯物は部屋に干すことが多いので、日当たりはさほど重視されません。

道路が北にある北側道路は住宅メーカーには避けられやすく、売れ残って価格もリーズナブル。お得な土地です。

住宅には向かないですが、アパート経営するにはもってこいなので、弊社でも積極的に手に入れています。

【前面道路4m】

こちらは3章でも取り上げましたが、前面道路4mの土地は、新築・木造・3階建てアパートを建てるのに、もっとも効率の良い土地になります。

容積率の問題から、2階建てアパートを建てるのにはもったいないですし、4階以上のRC造や鉄骨造マンションを建てるのは難しいケースが多いのです。そのため競争率が低く、安く売られていることが多いのでお買い得と言えます。

【角地】

新築・木造・3階建てアパート経営でお勧めの立地が角地です。

角地にはさまざまなメリットがあります。

道路沿いのスペースが多くなるので駐輪場を設置する余裕ができますし、角に建てると見栄えがするので、入居希望者の印象も上がります。

また角地緩和といって建ぺい率が10％上乗せされ、広い平米数のアパートを建てることができます。これによって、角地以外だと6部屋しか建てられないエリアだったとしても、角地なら9部屋確保することもできます。これは投資効率上、たいへん大きなメリットです。

角地は決して安くはありません。1割から2割程度は高いものと見るべきでしょう。しかし、今挙げた通り、高い分の見返りは大きいです。

角地にはたまに、買い手がなかなかつかないけれど新築・木造・3階建てアパートにはおあつらえ向きの掘り出しものが出てきたりします。

なぜ買い手が付かないかというと、角地は普通より価格が上がるため、住宅には向かないからです。住宅を購入する人は、角地かそうでないかにこだわりはありません。住宅メーカーもわざわざ高い角地に手を出したりはしないのです。

ですから「角地は高い」といって候補から外すのではなく、いつも目を光らせておいたほうが良いでしょう。「坪単価でいくら？」と判断してしまうと、事業性の高い土地を見逃してしまいますので、角地のメリットをきちんと踏まえたうえで、投資に見合う物件かどうかを見極めてください。

【古い住宅が建っている】

値下げ交渉の余地ありなのが、古い住宅の建っている土地です。

古い住宅付きの土地が販売に出される理由は、大きくふたつ。相続の関係で売る場合と、売ったお金で新しい物件を買おうと思っている住み替えの場合です。

どちらにも共通しているのが、売り主の手元にまとまったお金がないということです。更地にするための資金が確保できていません。

古い住宅には価値がありません。言ってしまえば、土地の上に建ったお荷物です。一応中古住宅として売りに出されていますが、アパートや新築住宅を建てようと思っている買い手は、解体費を加味したうえで、販売価格が高いか安いかを判断します。

中古住宅として買い手が付かない場合は、更地にしてから売ったほうが不動産会社には売りやすいです。しかし今述べた通り、解体するためのお金がないため、住宅付きで販売されているという背景があります。

私たちはこういった古い住宅付きの土地を買う場合、解体費を見込んだうえでの値下げ交渉を行います。

解体費は建物の規模や土地の状況によって上下します。

地中埋設物があれば余計に費用はかかってしまいますし、まだ住宅に人が住んでいる場合は完全な見積もりを取ることもできません。

こういった不確定要因が多いほど、値下げの余地はあるでしょう。

売る側も早く現金化したいので、すんなりと値下げを受け入れてもらえることが多いと言えます。

ですから、アパートを建てるのに最適な土地があって、すでに古い住宅が建っている場合、まずは解体費を見積もって、値下げ交渉をしてみると良いでしょう。

【不動産会社に会員登録する】

売却物件は広く公開される前に、不動産会社が自社内で買い手探しをする、という話を冒頭にしました。

それならば、あらかじめ各不動産販売会社に会員登録しておけば、売り物件として出回り始めたばかりの物件情報を、いち早く手に入れることができるわけです。

大手の不動産販売会社には、できるだけ会員登録しておきましょう。エリアや価格、駅徒歩何分圏内かなど、詳しく条件を登録しておくことで、自分の欲しい物件情報を定期的にメールで送ってくれます。

サラリーマン大家には効率の良い探し方です。

【自分のことを隠さず伝える】

実際に不動産販売会社を訪れた際のポイントです。

担当者には、なるべく隠し事はしないようにしましょう。

年齢から始まり、年収のことや職業のこと、今持っている資産など。自分の情報をできる限り伝えてください。

自分に「買える力」があることを示さないと、不動産販売会社も前向きに動いてはくれません。お客になってくれるかどうかもわからない人に対して、有力な土地を紹介することはないのです。将来の大事なパートナー探しのためにも、こちらの情報は極力明かす。自己アピールは大事だと思っておいてください。

有利な融資を引き出すにはコツがある

銀行は必ず競わせる

有利な投資を受けられるかどうかは、結局のところパートナー会社で決まります。

「いつも使っている銀行なので」

そう言って一行しか紹介してくれない不動産会社を、パートナーにするのは止めておきましょう。不動産投資に対して積極的な銀行もあれば、そうでない銀行もあります。銀行の景況によっては、融資に寛容なときもあれば、厳密なときもあります。

普段は不動産投資に前向きな銀行でも、タイミングによってはよろしくない反応を受けることがあります。

ですから、一行だけに頼るのはよくありません。

融資を申し込む先は、複数の銀行にするべきです。

銀行同士で競わせて、最終的にどこの融資を受けるかを決めることで、オーナーはもっとも有益な返済プランを立てることができます。多数の銀行と取引しているパートナー会社を選ぶことが、良い融資を受けるコツのひとつです。

銀行にも特色がある

銀行はお金を預けたり借りたりするところ。どの銀行も似たようなイメージを持ってしまいがちですが、実はよく中身を見てみると、それぞれに特色があることに気づきます。

銀行も商売です。ライバル銀行に負けないために、それぞれが独自性を発揮し、それぞれ新しい顧客層を開拓しています。

大きなくくりで見れば、都市銀行と地方銀行ではまったく特色が異なります。

都市銀行は広範囲な顧客層を持つのに対し、地方銀行は地元のネットワークを頼りに経営をしています。

2017年2月現在は、マイナス金利政策にともない、全体として銀行は融資に対して積極的な姿勢を見せています。

地元を拠点にする地方銀行も融資には前向きですが、先行き不安な地元の中小企業へ設備投資の資金を貸すことには消極的です。

中小企業に貸すくらいなら、不動産投資をしている個人。そういう方針が強いのが今の地方銀行です。

不動産投資に対する融資であれば、抵当権、つまり担保を付けることができますから、融資相手が返済できなくなったとしても、不動産を差し押さえれば回収不可になることはまずありません。

つまり、地方銀行は安泰な不動産投資に対して、低金利な融資をしやすいと考えているわけです。

相性の良い銀行を紹介してくれるパートナーが重要

さらに地方銀行の中でも特色があります。

たとえば、本業が医者である方がオーナーになる場合に、「医者は年収が高いから問題なし」と融資を即決してくれる銀行もあれば、「医者はいずれ独立するから先行き不安」という理由で渋る銀行もあります。

実際に弊社のお客さんでも、A銀行では断られ、B銀行では0・8%という超低金利で融資を受けることができました。

このように、一行で融資を断られたからといって、諦めてはいけないのです。

現金はあるけど年収が低いと貸してくれない銀行。

自己資金が乏しくても年収さえ高ければ通る銀行。

そのほか、職業や年齢など、評価するポイントが銀行によって異なっています。

ですから、たくさんの銀行と取引していて、それぞれの特色を熟知している不動産会社が、融資を受ける際に強力なパートナーとなってくれます。

オーナーの属性から判断し、相性の良い銀行を紹介してくれる、そんな頼れるパートナーを選ぶようにしたいものです。

5章

安定収入を手に入れたサラリーマン大家の成功事例

事例1

将来のために収入源を増やしたいOさんのケース

Oさんのプロフィール

年齢：36歳
大家歴：6年
職業：団体職員
年収：580万円（妻は専業主婦）
所有物件：2棟（新築・木造・3階建て／9部屋、新築・木造・3階建て／9部屋）、ワンルーム1部屋

Oさんは給与の安定している団体職員ですが、なかなか増えていかない年収に不安を抱

いていました。子育てが佳境に入り、資金がますます必要になってきたからです。

このままではじりじりと貯蓄が目減りしていくのではないか。何か本業とは別の収入源を見つけて、補っていく必要があるのではないか。

そういったきっかけから不動産投資に興味を持ち、手始めにワンルームマンション1室を融資を受けて取得しました。

失敗した……とは認めたくない！

しかし、ワンルームマンションひとつでは小さな収益しか上げられません。そこでふたつ目の物件取得を検討し、思いきって1棟ものの中古物件の購入を決意しました。

ネックだったのは、すでにワンルームマンションのローンを返済中のため、借りられる金額について金融機関との交渉がうまくいかず、購入できる物件が限られてしまったことです。結果手にした中古アパートは、想定したキャッシュフローを達成できず、収入を増やすことができませんでした。それどころか、物件を維持するだけで精一杯で、悪くすると家計にも影響が出てくるような状態です。

「このままでは妻になんて言われるか……でも、失敗したとは認めたくない！」

そう思ったOさんは、さらにもう1棟取得して挽回する策に出ます。

次は、失敗が許されません。慎重に物件を絞っていく必要がありました。

しかし、すでにふたつの融資を受けています。次の融資を通すことは容易ではありません。どうやったら借りることができるのか。どこを信じて物件を紹介してもらうのがいいのか。不安や疑問を抱えながら、融資を受けやすい最適な物件を必死に探していくうちに、私たちのことを知ってくださったそうです。

新築の木造アパートを取得

中古物件を探していたOさんでしたが、低金利での融資が実現できる9部屋の新築木造物件をご紹介しました。

まさにOさんが求めていた物件で喜んでくださいましたが、一方で「本当に融資を通すことができるのか」という点には懐疑的でした。

私たちと金融機関とOさん、三者を交えて何度もやり取りを行いました。その都度Oさんには必要資料の提供を求めたりして大きな苦労をおかけしました。しかし、私としても絶対に融資を成功させたかったですし、Oさん自身も融資を通すためならと、私たちを信じて協力してくださいました。結果、少ない自己資金でも融資が通り、金利2・3%で物件を手に入れることができたのです。

低金利に借り換え&新築アパート経営スタート！

私のほうで収益性の低かった中古アパートの売却依頼も引き受け、無事に遂行させることができました。これにOさんはご満足いただけたご様子でした。

この売却資金を元手に、新たに新築・木造・3階建てアパート9部屋の不動産投資をスタート。低金利時代突入後とあって0・85%という理想的な金利で手に入れることができました。

さらに1棟目（新築・木造・3階建て／9部屋）の物件のローン借り換え業務も、こちら主導で請け負いました。2・3%から0・8%へと減らすことに成功し、月々の返済額が減り、2棟とも最大効率といっていい利回りを達成できています。

複数棟所有するまでが勝負

Oさんは収入が安定している職業に就かれていたので、低資金低金利での融資を受けることが比較的容易でした。取得した1棟目の物件についても、途中で低金利のローンに借り換えられたことは大きかったことでしょう。

このように、現状で自己資金や担保となるような資産が十分になくても、金融機関をきちんと選定すれば、融資が通りオーナー生活をスタートさせることができるのが、今の低金利時代の特徴です。私たちもOさんが、今後も3棟目、4棟目と投資物件を増やしていけるようなキャッシュフロー作りのサポートを徹底させていただこうと考えています。

融資のアドバイスや管理といった業務を別々の会社に依頼してしまうと、その都度手数料がかかってしまいます。

私たちは建築も含めたそれらすべての業務を請け負うことで、オーナーにかかる負担を最低限にまで落とせるよう努めています。そうすることで、お互いにとって長期的な収益につながると考えているからです。

Oさん所有の
新築・木造・3階建てアパート詳細

部屋数 ● 9部屋
融資額 ● 8700万円
期　間 ● 30年
金　利 ● 0.85%
自己資金 ● 600万円＋諸経費
自己資金利回り ● 50%
満室時の利回り ● 7.4%
年間キャッシュフロー ● 375万円

事例2

独立開業の資金を稼ぎたいMさんのケース

Mさんのプロフィール

年　齢：32歳
大家歴：4年
職　業：開業医
年　収：1500万円（妻は専業主婦）
所有物件：1棟（新築・木造・3階建て／6部屋）

友人がアパート経営で副収入を得ている話を聞いたことがきっかけで、不動産投資に興味を持ったMさんですが、相談へ来られた当時は勤務医でした。

本業は激務。自分でできることには限りがあるので、手がかからず、信頼して任せられるパートナー会社を探していたところ、私たちを知っていただきました。

取得したのは新築・木造・3階建てアパート。部屋数は6部屋と少なめですが、千葉県の中心街という好立地のおかげもあって、経営をスタートさせて2カ月ほどで満室となる人気ぶり。年間156万円のキャッシュフローが実現できています。

開業時の融資も有利に

Mさんは、アパート経営を始めてから数年後に病院を開業しました。

このとき運転資金を金融機関から借りたのですが、すでに理想的な利回りを出せている所有物件を担保にすることができ、増額して融資を受けることができたそうです。

病院を開業して間もないころは、経営が不安定。この間、不動産所得として副収入が安定して入ってくるのは、精神的な安心につながったとのことでした。

「アパート購入後、あるきっかけで自分が予想していた時期よりも早く開業をすることになりました。開業前後の多忙な状況により、あっという間に数年が経過した印象です。とにかく新築で取得したアパートは手もかからす、期待通りの結果を出してくれています。大変満足しています」

という、嬉しいお言葉をいただけています。病院の経営が軌道に乗ってきた現在は、そろそろ投資物件を増やしたいと考えていらっしゃいます。

パートナー選びも投資成功の重要な要因

不動産経営は、どんなに忙しい人でも挑戦可能な事業です。

完全に委託した状態で副収入を得るために、何よりも厳選したいのがパートナーです。土地探しから新築物件の建築、管理まで任せられる私たちは、激務のMさんにとって最適だったのでしょう。「医師はいずれ開業して収入が不安定になるから」という理由で融資に消極的な金融機関もあります。また正反対に、年収の高い医師には前向きに融資へと動いてくれる金融機関もあります。勝敗を分けるのは、パートナー会社がどれだけ各金融機関の融資事情を熟知しているかです。パートナー会社を絞り込むときは、融資関連でどれだけ知識を溜め込んでいるかを評価の基準としましょう。

Mさん所有の
新築・木造・3階建てアパート詳細

部屋数 ● 6部屋
融資額 ● 6300万円
期　間 ● 30年
金　利 ● 1.2%
自己資金 ● 諸経費のみ
自己資金利回り ● 156%
満室時の利回り ● 7.31%
年間キャッシュフロー ● 156万円

事例３

子どもの教育費を稼ぎたいＢさんのケース

Ｂさんのプロフィール

年　齢：41歳
大家歴：１年
職　業：薬剤師
年　収：８００万円（妻は専業主婦）
所有物件：２棟（新築・木造・３階建て／６部屋、新築・木造・３階建て／９部屋完成間近）

薬剤師のＢさんは会社が合併したことがきっかけで、今後の年収に不安を持つようになりました。自分がどれだけ頑張っていても、会社の都合で給与を下げられたり、転職を余儀なくされる事態に出くわすかもしれない。ひとつの収入だけに頼っていたら、いざというときに路頭に迷ってしまうのでは……。

そんな思いから、お子さんの小さいうちに学費を確保し、将来にゆとりを持たせておこうと、新たな収入源として不動産投資の勉強を開始しました。

はじめは中古物件投資を考えるも……

中古アパートの経営なら低資金でスタートしやすいことを知り、いくつか物件を調べるようになりました。

しかし、金融機関に融資の相談をつけているうちに他の誰かに買われてしまう、という歯がゆい思いを数回経験したそうです。

サラリーマンの中古物件は融資が厳しいのではないか。どうしたらいいのか迷っていたところ、不動産物件を掲載するポータルサイトで私たちのことを知り、問い合わせてくださいました。

私たちはBさんにとって最善な物件は何かをよく考え、話し合いました。当初は中古物件を希望していましたが、購入価格が高くなっても収益が大きく、融資も通りやすい新築物件がBさんにとって最適な投資であることをお伝えし、3回ほどの面談の後に合意していただけました。

取得したのは主要路線の駅近くの6部屋。融資は2・1%という金利でしたが、立地の良いアパートのため十分な利益を出せる見込みがありました。

予想通り入居者が集まり、完成後間もなくしてアパートは満室となりました。これにはBさんも大喜びで、このようなお言葉もいただけました。

「完成して苦労することなく満室になったのには驚きました。賃貸管理の担当者が一所懸命に入居者を集めてくれたのだと感謝しています。信頼できる将来にわたるビジネスパートナーを得ることができ心強いです」

サラリーマン大家として、理想的なアパート経営のスタートです。

トントン拍子で2棟目建設中

1棟目の経営開始直後、すぐに「もう1棟欲しい」という相談をいただきました。

金利は0・9%と無事に融資を通すことに成功しました。

2棟目は9部屋という大きなキャッシュフローが期待できる物件です。回収効率はたいへん良いものでした。現在完成間近です。

お子さんの学費をアパート経営で積み立てることができ、不安は解消。自己資金が貯まってきたらさらに3棟目にも着手したいと意気込んでいます。

低金利時代の今なら新築で決まり

家族が抱えるお金に関する悩みの代表格が学費です。

日本の経済は決して右肩上がりの景況とは言えません。大企業さえ先行き不安な世の中です。

ほかのいろいろな出費を切り詰めることができても、学費だけは避けて通ることはできません。将来への漠然とした不安を抱き、何としても学費は確保せねばという思いがあって、できるだけ小さな労力で手に入る新しい収入源を探す人が増えています。

新築だからこその融資背景

小さな労力で大きな収入を手にするには、相応の運転資金が必要となるでしょう。多くのサラリーマンの方がここで壁にぶつかってしまい、収入を増やすことを諦めてしまいがちです。

Ｂさんの場合も融資面で苦戦している様子でした。中古の安価な物件を希望したため、金融機関から提示される融資条件が高金利で厳しいものとなり、踏ん切りがつかなかったのです。

一方、資産として長く価値を有し、利回りも高く設定できる新築物件であれば融資背景は一変します。金融機関をきちんと選別すれば、信用力の高いサラリーマンの方ほど低金利で融資を受けられるのです。

サラリーマンというステータスを活かして、低金利で不動産投資を始めるなら、今ほど絶好の機会はないでしょう。

本書をきっかけに、多くのサラリーマンの方が新築物件の不動産投資をスタートし、Ｂさんのように将来への不安を払拭してほしいと願っています。

Bさん所有の
新築・木造・3階建てアパート詳細

部屋数	9部屋
融資額	9500万円
期　間	30年
金　利	0.9%
自己資金	200万円＋諸経費
自己資金利回り	76.47%
満室時の利回り	7.24%
年間キャッシュフロー	273万円

事例4

自己防衛のためにアパート経営を始めたHさんのケース

Hさんのプロフィール

年　齢：33歳
大家歴：1年
職　業：小売業・会社員
年　収：750万円（妻は専業主婦）
所有物件：3棟（新築・木造・3階建て／6部屋、新築・木造・3階建て／6部屋、新築・木造・3階建て／12部屋完成間近）

Hさんは転職を機に、現代では終身雇用や退職金をあてにした人生設計は現実的ではないと感じ、将来を安定させる自己防衛の手段としてアパート経営に興味を持ち始めました。

不動産投資に関する情報収集を経て知識を深めていくうち、2000万円以下の中古アパートでまずは経営を始めてみようと考えました。

しかし実際に内見してみると、お手ごろな物件で手入れ不要なものは皆無。どれも使い古されたまま販売されていて、修繕費をかけないとアパート経営が困難な状態でした。

これでは想定以上の出費がかかってしまうため、サラリーマン大家では手が出せません。

諦めずにいくつもの物件を調べていた矢先、私たちのことを知り、お問い合わせくださいました。

2階建て2棟と3階建て1棟を取得

私から「30年融資を利用すれば新築アパートの経営が可能である」とお伝えしたとき、Hさんはとても驚いていました。まさか高額の新築物件を低金利融資で所有できるとは思っていなかったのでしょう。

1棟目に取得したのは新築・木造・3階建てで6部屋のアパート。金利は1.2%でキャッシュフローは160万円、自己資金およそ200万円で始めることができました。

順調に部屋は埋まり、続けて2棟目へ。こちらも新築・木造・3階建てアパートで部屋数は6部屋、金利は1・2%でキャッシュフローは150万円です。経営が安定している1棟目が担保となり、自己資金は60万円ほどで済みました。

さらに現在3棟目、新築・木造・3階建て12部屋を建築中です。

さまざまな角度から投資先を評価しよう

Hさんは事前に不動産投資についてよく調べてから、物件探しをスタートさせました。

実際に物件を見て回り、慎重に投資先を選んでいたので、多額の修繕費がかかってしまう中古物件を買わずに済みました。

安さに引かれて取得してみたはいいものの、ボロボロで誰も住みたがらないような中古物件で、修繕をかけようとしても莫大な見積もりを突きつけられ、にっちもさっちもいかず途方に暮れる。そんな物件を買わされ、返済に追われる毎日を過ごしているオーナーさんも実際にいます。

今は一般の方でも本やインターネットで、簡単に不動産投資の情報を集めることができます。しかし、最適な投資というのは時代とともに移り変わっていくものなので、時代遅れの投資法も中には含まれています。

情報を何でも鵜呑みにするのは危険です。中古物件は安いから、という理由だけで安易に投資を決めるのはもってのほかです。

熱心に情報を集めていたHさんは、高額な新築物件を買うという発想そのものがなかったようです。

これからの時代は新築物件がサラリーマン大家にとって最適であることは本書で述べている通りです。

単純な額面だけでなく、融資を通してどれだけの利息分を払うことになるのか、値段に見合っているだけの価値が物件にはあるのか、投資を決める上ではそういった点にも着目すべきです。

Hさん所有の
新築・木造・3階建てアパート詳細

部屋数	12部屋
融資額	1億2500万円
期　間	30年
金　利	1%
自己資金	諸経費のみ
自己資金利回り	103.34%
満室時の利回り	7.2%
年間キャッシュフロー	325万円

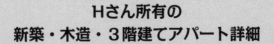

おわりに

最後まで本書をお読みいただきありがとうございます。

新築・木造・3階建てアパートの魅力を少しでもご理解いただけましたでしょうか?

私がこのアパート投資手法にたどり着くまでに10年以上の年月がかかりました。

アパート建築会社として、木造・2階建てアパートからはじめ、重量鉄骨造マンション、コンクリート造マンションなど、何が不動産投資に最適か、お客様との対話を続けながら試行錯誤し、改良を重ねてきました。

そして、新築・木造・3階建てアパートが好立地エリアに建てるもっとも適した商品であると、断言できるまでの自信と実績を積み上げてきました。

土地を所有していない人でも、好立地でのアパート経営を実現できる手法として新築・木造・3階建てアパートは本当に適しています。

その理由は本書に書いたとおりですが、木造というローコストな建築で、好立地エリアの土地の容積率をしっかりと使い切り、木造に見えない外観と、お客様となる入居者の望む設備を標準化しているからこそ、収益性の高いアパート経営を実現できているのです。

2017年3月現在、政府のマイナス金利政策により、集合住宅の建築は加速度的に増えています。

新聞や雑誌などでは、賃貸住宅の入居率が下がっているとの報道がなされ、ラッシュのように競合物件が増える中、残念ながら劣悪なアパートの建築も目立ってきています。

また、「これから人口減少が予想されるのに、アパート経営をやるなんて、あまりにもリスクが大きい」、そう考える人も多いことでしょう。

確かに状況はそうなのかもしれません。

しかし、何もしないでいることがはたしてノーリスクでいることなのでしょうか？

企業の右肩上がりの成長が予測できない現在、何もしない（投資をしない）ことこそがリスクであると私は考えています。また、私だけでなく、企業で働く多くの人がそう感じ、私のところへ相談にいらっしゃいます。

もちろん、株式投資で億の資産を作る人もいるでしょうが、それはほんの一握りの天才がなしえること。

一方で、アパート経営は、毎月の入金と返済後の土地としての資産を加味すると、億の資産を手にすることは、一般の人でも可能です。

それは、本書の中でも紹介したように新築・木造・3階建てアパート経営で成功をおさめたサラリーマン大家さんたちがすでに実証してくれています。

億単位の資産を築くために大切なことは、先にも挙げているように、入居の安定したエリアに入居者の好むアパートを建築することが絶対条件です。

この2つを守れば、ローリスクで、しかも簡単に億単位の資産を手にすることは、決して大げさな表現ではなく、実現可能な話です。そして、それを成しえるのが「新築・木造・3階建てアパート経営」なのです。

さらに、投資効率を上げる重要な要素となる借入金利が、今は記録的な低金利となっています。私達は、この「金利特需」とも言える追い風の状況を、多くの人にぜひ活かしてもらいたいと考えています。

新築なら、低金利30年融資が実現可能。まさに家を買うような感覚で、不動産投資が始められる時代が今なのです。

みなさん。このチャンスを逃すことなく、億単位の資産を築くための一歩を踏み出してみてください。本書が一人でも多くの人の資産形成の一助となれば、著者としてこれ以上の喜びはありません。

2017年3月吉日　田脇宗城

著者紹介

田脇宗城（たわき・そうじょう）

株式会社アメニティジョイハウス　代表取締役社長

不動産コンサルティング技能登録者などの資格を持つ。東京都、千葉県を中心に、土地選びから、事業計画の立案、融資相談、アパートの設計・施工、賃貸管理まで一括した、ローコスト＆ローリスクのアパート経営を提案する。会社のホームページが口コミで反響を呼び、サラリーマンを中心としたアパート経営による資産形成の相談が絶えない。

著書に『サラリーマンが30代から「アパート経営」で年収を300万円以上増やす方法』（幻冬舎メディアコンサルティング）がある。

株式会社アメニティジョイハウス

http://賃貸経営専門館.jp/

不動産投資《ふどうさんとうし》は「新築《しんちく》」「木造《もくぞう》」「３階《かい》建《だ》て」アパートで始《はじ》めなさい！

〈検印省略〉

2017年　3　月 19　日　第　1　刷発行

著　者――田脇 宗城（たわき・そうじょう）

発行者――佐藤 和夫

発行所――株式会社あさ出版

〒171-0022　東京都豊島区南池袋 2-9-9 第一池袋ホワイトビル 6F

電　話　03 (3983) 3225（販売）

03 (3983) 3227（編集）

F A X　03 (3983) 3226

U R L　http://www.asa21.com/

E-mail　info@asa21.com

振　替　00160-1-720619

印刷・製本（株）光邦

乱丁本・落丁本はお取替え致します。

facebook　http://www.facebook.com/asapublishing

twitter　http://twitter.com/asapublishing

ISBN978-4-86063-966-2 C2034